성경 에센스

# 성경 에센스

지은이 | 김윤희
초판 발행 | 2021. 9. 15
12쇄 발행 | 2024. 7. 24
등록번호 | 제1988-000080호
등록된 곳 | 서울특별시 용산구 서빙고로 65길 38
발행처 | 사단법인 두란노서원
영업부 | 2078-3333    FAX | 080-749-3705
출판부 | 2078-3331

책값은 뒤표지에 있습니다.
ISBN 978-89-531-4062-2 03230

독자의 의견을 기다립니다.
tpress@duranno.com    www.duranno.com

두란노서원은 바울 사도가 3차 전도여행 때 에베소에서 성령 받은 제자들을 따로 세워 하나님의
말씀으로 양육하던 장소입니다. 사도행전 19장 8-20절의 정신에 따라 첫째 목회자를 돕는 사역과
평신도를 훈련시키는 사역, 둘째 세계선교(TIM)와 문서선교(단행본·잡지) 사역, 셋째 예수문화 및 경배
와 찬양 사역, 그리고 가정·상담 사역 등을 감당하고 있습니다. 1980년 12월 22일에 창립된 두란
노서원은 주님 오실 때까지 이 사역들을 계속할 것입니다.

# 성경 에센스

성경 읽기를 위한 ___ 권별 핵심 가이드

김윤희
지음

두란노

# 구약

●

# 신약

●

신약 개요 [174]

그동안 많은 사랑을 받았던 드라마 바이블 가이드북이 《성경 에센스》라는 이름으로 출간하게 되어 매우 기쁘게 생각합니다. 성경 개요에 관해 간결하면서도 핵심적인 내용을 담고 있어, 성경을 읽기 위한 지침서로 한층 더 큰 역할을 담당할 것입니다.

성경의 각 권을 읽기 전에 이 책을 읽어 보십시오. 그러면 어느새 이 책은 없어지고 성경의 맥이 잡힐 것이고, 성경을 매일 함께 읽고 있는 자신을 발견하게 될 것입니다. 이미 많은 사람들이 공동체에서 성경을 함께 직접 읽어 가는 '공동체 성경 읽기'(Public Reading of Scripture, PRS) 운동에 동참하고 있습니다. 여러분도 이 책과 함께 거룩하고 거대한 운동에 함께 참여하길 기대합니다! **강신익** 지앤엠글로벌문화재단 대표

'떡으로만 살 것이 아니요 하나님의 입으로부터 나오는 모든 말씀으로 살아야' 하는 존재가 우리 인간입니다(신 8:3; 마 4:4). 요즘 시대를 보면 온통 먹방 프로그램으로 가득하여 미각만이 유난히 부각된 것 같습니다. 이런 상황 속에서 시각과 청각을 통해 하나님의 말씀을 접하도록 만들어진 것이 "성경 에센스"입니다. "성경 에센스"는 복음주의 신학의 관점으로 성경 각 권을 성경 전체의 안목으로 균형 있게 담아낸 5분 내외의 영상입니다. 또한 유튜브라는 채널 활용을 극대화하고자 한 프로젝트의 열매이기도 합니다. 특별히 헌신과 노력을 마다하지 않고 시각적으로 멋진 CG를 제작한 CCC(한국대학생선교회) 간사님들의 손맛이 함께 만들어 낸 맛깔나는 요리라고 할 수 있습니다.

그동안 "성경 에센스"는 영혼을 살찌우는 말씀의 입맛을 돋우는 역할

을 훌륭하게 해 왔습니다. 그런데 이제 출판을 통해 촉각을 새롭게 가미하게 되어 매우 기쁩니다. 하나님이 허락하신 인간의 다양한 감각을 통해 하나님의 말씀을 가까이할 수 있게 되었기 때문입니다. 시편 기자의 고백처럼 말씀을 통해 '하나님의 선하심을 맛보고 알게'(시 34:8) 만드는데 귀한 쓰임을 받는 매력적인 입문서의 역할을 감당할 것을 기대합니다. **박성민** 한국CCC 대표, 국제CCC 부총재

성경은 신비한 책이다. 수많은 이야기의 조합으로 구성되어 있지만 단 하나의 이야기로 요약된다. 66권이 각기 다른 문학 양식으로 기록되었지만 한 분의 인격을 증거할 뿐이다. 수많은 해석이 난무하지만 그 중심 해석은 흔들리지 않고 굳게 서 있다. 하나님의 책이기 때문에 가능한 일이다.

복음주의 신학자 김윤희 총장님은 하나님의 책, 성경의 에센스를 정확히 요약하여 성경의 신비함을 체험할 수 있도록 돕는 일을 성공적으로 이루었다. 먼저 영상으로 많은 이를 성경으로 안내하는 데 쓰임 받은 강의가 이제 책으로도 쓰임 받게 되어 기쁘고 감사하다. 이 책을 통해 한국 교회 성도들이 성경 읽기에 푹 빠져들게 되기를 기도드리며 추천한다. **이재훈** 온누리교회 담임 목사

《성경 에센스》는 목회자와 평신도, 혹은 성경을 처음 접하는 모든 독자층을 위해 명시적이고 쉬운 오늘날의 언어로 성경 각 권을 총괄적으로 소개하고 있습니다. 어려운 실체를 이해할 수 있는 실제로 풀어 주는 작업은 학문을 깊이 통달한 학자가 아니면 실현 불가능한 일일 것입니다. 이에 본서의 저자이시며 오랜 기간 성경신학자로 깊은 연구와 교육에 몸담아 오신 김윤희 총장은 창세기로부터 요한계시록에 이르기까지 복

잡하고 난해할 수 있는 성경 각 권을 통일된 하나님의 말씀으로 정독할 수 있도록 꼭 필요한 정보를 쉬운 언어로 소개하고 있습니다. 본서는 세계 배낭여행을 위한 가장 면밀한 지도 안내서와도 같이 성경 여행을 떠나고자 하는 모든 독자에게 가장 효율적이며 유익한 복된 길잡이가 될 것입니다. **이한영** 아신대학교 구약신학 교수, 부총장

부끄러운 고백이지만 한때 저는 말씀 편식이 심했습니다. 힘든 때나 절실할 때 내게 위로가 되는 성경 말씀만 골라 마음에 새겼습니다. 물론 그 나름대로의 위로와 안식이 있었지만, 삶이 내 뜻대로 흘러가지 않을 때마다 수없이 고꾸라졌고 시험에 들어 주님을 원망했습니다. 그러던 어느 날 주님을 더 알아야 그분의 뜻을 오해하지 않겠다는 생각이 들어 성경을 차근차근 읽어 보려 했습니다. 그러나 낯선 이름들과 지명, 알지 못하는 당시의 관습과 문화, 수많은 은유 등 성경을 읽고 이해하는 데는 너무나 많은 걸림돌이 있었습니다.

나름 20여 년 신앙생활을 해 온 입장에서 이런 어려움을 주변에 알려 도움을 청하기도 부끄러워 속앓이만 하고 있던 차에 김윤희 총장님의 "성경 에센스" 강의 영상을 알게 됐습니다. 구약과 신약을 아우르는 역사적 배경과 해석을 가이드 삼아 조심조심 예수님의 발자취를 좇아가 보았습니다.

이제 책으로 만나는 《성경 에센스》와 함께하는 성경 말씀 읽기는 충동적으로 떠나는 막연한 여행이 아니라, 훌륭한 가이드의 안내를 받아 숨어 있는 의미 하나하나를 면밀히 살필 수 있는 의미 있는 여행이 되었습니다. 이 책을 읽으시는 모든 분에게도 성경 읽기가 더 이상 그리스도인의 힘겨운 숙제가 아닌, 예수님의 놀라운 사랑이 느껴지는 축제가 되기를 진심으로 소망합니다. 샬롬! **정선희** MC, 개그우먼

나의 목소리 연기도 들어간 "드라마 바이블"을 애청하면서, 나는 자연스레《공동체 성경 읽기》라는 가이드북을 접하게 되었다. 개인이나 공동체가 성경을 읽을 때 이 가이드북이 정말 좋은 안내자 역할을 해 주기에 내심 감사하고 있었다.

또한 여러 공동체들과 함께 성경을 읽는 '공동체 성경 읽기'(PRS) 운동을 활발히 하고 있는 나는 종종 성경을 어려워하는 구성원들을 발견하게 되는데, 그때마다 유튜브에 있는 김윤희 박사님의 "성경 에센스" 영상을 추천하곤 했다. 그래서 김윤희 박사님의《성경 에센스》가 출간된다는 소식을 들었을 때 기쁨의 환호를 외쳤다. '이제 성경책 옆에 이 책을 두고 함께 읽으면 되겠구나!' 라고 생각하니 참 기쁘고 든든했다. 평소 존경하는 김윤희 박사님의 도서 발간을 진심으로 축하드리며, 이 책을 통해 많은 영혼이 하나님의 말씀을 더 쉽게 이해하고, 더 깊이 사랑하게 되기를 간절히 기도한다. **조혜련** 개그우먼, 방송인

성경 읽기의 여정은 언제나 나에게 진리를 발견하는 환희의 순간과 함께 때로는 그 방대함과 다채로움 속에서 길을 잃는 당혹스러움도 동반했다. 그러나 그 쉽지 않은 여정을《성경 에센스》가 무난히 끝마치도록 밀어 주고 당겨 주며 독려해 준다. 성경 각 권에 관한 김윤희 박사님의 요점 정리는 쉽고 명쾌하면서도 재미있어서, 마치 알고 나면 길이 더 잘 보이는 지도처럼 성경 독자들에게 든든한 동행자가 되어 줄 것이다.

**추상미** 배우, 감독

"구약 전체의 흐름을 강의해 주세요"라는 요청을 과거에 자주
받았다. "강의에 주어진 시간이 어느 정도죠?" "2시간이요." 내
가 되묻는다. "2시간이라고요?" "너무 부족한가요? 그럼 2시간
30분이면 되나요?"

거기서 거기다. 구약만 해도 39권인데 2시간이면 각 권당 약
3분이 주어진다. 구약학자로서, 예를 들면 예레미야서를 3분
동안 설명해 달라는 것은 불가능하게 느껴진다. 그래도 요청
대로 2시간 내지 2시간 30분 동안 열심히 구약의 흐름과 개요
를 강의했다. 듣는 성도님들은 모르시겠지만 나는 식은땀이
났다. 성도님들은 아무리 노력해도 구약의 개요를 그 짧은 시
간에 전달하기란 무리라는 것을 전혀 모르신 채, 2시간의 구약
의 개요적 설명에도 너무나 만족해하시고 은혜도 받으시는 것
같았다. 그리고 가끔 "오늘 강의한 내용을 책으로 꼭 내 주세
요"라고 부탁까지 하셨다.

성도님들은 구약학자의 여러 학자적인 논쟁이나 이론들이
필요한 것이 아니라, 성경을 읽는 데 이해를 도와줄 수 있는,
그러나 가볍지 않으면서 조금 깊이 있는 안내서가 필요하다는

것을 많이 경험했다. 이러한 필요들과 내가 쌓아 온 경험과 또 여러 계기가 있어 나온 책이《성경 에센스》다.

이 책은 유튜브에서 강의했던 "성경 에센스" 내용을 그대로 책으로 만든 것이다. 어떤 목사님은 유튜브의 "성경 에센스"를 매일 보고 설교를 준비할 때 적극 활용한다고 하신다. 어떤 교회에서는 성경 통독을 할 때 "성경 에센스"를 교인들이 다 함께 보고 통독을 한다고 한다. 어떤 분은 내용이 좋아서 유튜브 강의 내용을 본인이 컴퓨터로 직접 정리하신 분도 있다,

성경 66권을 각 권당 5분 정도만 할애하면 신학교 1학년 수준의 성경 서론을 아주 짧고 굵게 배울 수 있다. 각 권의 저자, 역사적 배경, 목적, 대상, 기본 신학적 핵심 등을 한 번에 공부할 수 있다. 이렇게 에센스를 읽고 성경 통독을 하면 성경의 많은 부분이 눈에 확 들어오면서 이해가 될 것이다.

왜 마태는 유독 '두 드라크마 관세', '네 드라크마 동전', '달란트' 등 화폐 단위에 관심을 많이 가졌는지 아는가? 세리라는 그의 직업 특성 때문이다. 이 점을 설명했더니 어떤 분이 마태복음이 벌써 흥미로워진다고 하셨다. 유다서는 예수님의 동

생이 썼다. 어떤 분은 "유다가 가롯 유다가 아닌 것은 확실한데 그것은 몰랐네요"라고 하며 유다서를 빨리 읽어 봐야겠다고 하셨다.

《성경 에센스》가 성경을 읽고 묵상하는 이해와 깊이를 몇 단계 높여 줄 수 있다고 믿는다. 통독을 위한 성경 개요서나 입문서가 많지만, 성경 신학자의 균형 잡힌 시각으로 핵심만 전달하는 책을 찾기란 쉽지 않다. 성경 읽기 운동을 오래전부터 직간접적으로 하고 있는 학자로서, 나는 한국 교회 성도들에게 바른 신학적 토대 위에 정립된 성경 개요서가 반드시 필요하다고 생각했다. 이 점에서 나는 성도들이 이 책을 항상 가지고 다니면서 활용하시기를 권한다. 성경 공부는 일회성이 아니고, 반복적으로 지속되어야 어떤 검보다도 예리하여 진리의 상대화를 막을 수 있다.

점점 진리가 상대화되어 가는 현시대에 "풀은 마르고 꽃은 시드나 우리 하나님의 말씀은 영원히 서리라"(사 40:8)라는 말씀을 기억하며 모든 것이 변해도 변하지 않는 하나님의 말씀에 가까이 갈 수 있도록 도와주는 책으로 《성경 에센스》를 권한다.

《성경 에센스》가 나오기까지 유튜브 "성경 에센스"를 잘 촬영해 주시고 CG작업을 잘해 주신 CCC(한국대학생선교회)의 VLM 팀에게 감사를 드리며, 또 이 책이 나오기까지 물심양면으로 도와주신 지앤엠글로벌문화재단에도 깊은 감사를 드린다.

저자 김윤희
2021년 9월
팬데믹 이후에 펼쳐질 새로운 세상을 기대하며

1부

구약

성경은 신약 27권, 구약 39권으로 구성되어 있습니다. 구약은 히브리 성경과 현재 우리말 성경의 분류가 다르게 되어 있는 데, 우리말 성경을 기준으로 보면 다음과 같습니다.

오경이 제일 처음에 나옵니다. 창세기, 출애굽기, 레위기, 민수기, 신명기 등 5권이기 때문에 '오경'이라 부르며, 복음주의 신학자들은 모세가 오경을 썼다고 하여 '모세 오경'이라고 부르기도 합니다. 히브리 성경에서는 오경을 '토라'(Torah)라고 부릅니다. 창세기 1-11장은 오경의 서론이면서 구약 전체의 서론 역할을 합니다. 창조주이신 하나님이 인간을 비롯한 모든 것을 창조하십니다. 그리고 이때부터 하나님과 인간의 관계가 시작되며, 인류가 번성하기 시작합니다. 창세기 12장부터는 족장 시대가 시작되면서 아브라함, 이삭, 야곱, 그리고 야곱의 12아들을 통해 이스라엘의 12지파와 레위 지파가 탄생하는 과정을 보여 줍니다. 출애굽기부터는 족장들의 이야기가 아니라, 이스라엘이라는 하나의 국가가 탄생하는 이야기가 시작됩니다. 출애굽기부터 신명기는 여호와께서 그들을 이집트에서 구원해 내시고, 광야로 인도하시며, 가나안 땅 맞은편 모압 평지에 다다르기까지 이끄신 온갖 이야기를 담고 있습니다.

오경 다음으로는 역사서가 나옵니다. 여호수아서부터 에스더서까지 12권의 책이 역사서에 해당됩니다. 모세가 죽고 여호수아가 리더가 되어 땅을 정복하는 이야기가 여호수아서입니다. 그리고 가나안 땅에 정착하여 이스라엘이 어떻게 가나안화, 세속화가 되어 가는지를 보여 주는 책이 사사기입니다. 백성들은 마지막 사사인 사무엘에게 왕을 달라고 요청하는데, 사무엘서는 왕정 시대를 여는 중요한 책입니다. 사무엘의 이야기와 그가 임명한 최초의 왕인 사울과 두 번째 왕인 다윗의 이야기를 담은 책이 사무엘상·하입니다. 열왕기상·하는 솔로몬 시대와 그 이후 왕국이 남북으로 갈라지면서 남유다의 왕들과 북이스라엘의 왕들의 이야기를 번갈아 가며 다룬 책입니다. 열왕기상·하에 북이스라엘이 주전 722년 앗수르에 의해 먼저 망하고, 130여 년이 지난 후 주전 586년에 남유다가 바벨론에 의해 망하는 이야기가 나옵니다. 열왕기는 남유다와 예루살렘이 훼파되는 것을 마지막으로 '이스라엘'이라는 주권을 가진 국가는 구약의 역사 속에서 사라지고 이스라엘 백성은 바벨론에 포로로 끌려가 포로 생활을 하게 되는 것으로 마칩니다. 역대상·하는 유다 왕들의 이야기를 다루며 "다윗 왕조"와 "성전"이라는 주제를 독특하게 다룹니다.

에스라서, 느헤미야서, 에스더서는 바벨론이 페르시아에 의해 망하고 페르시아의 지배 아래 살고 있었던 포로기 이후 이스라엘 백성의 모습을 그리고 있습니다. 에스라, 느헤미야는 각각 페르시아에서 유다로 돌아와 영적인 리더와 평신도 리더로서 유다를 재건하는 일을 합니다. 에스더는 페르시아의 왕비로 그곳에서 디아스포라로 살면서 위기에 처한 자신의 백성을 구원하는 이야기로 유명합니다. 이스라엘 백성은 포로기 이후 다양한 모습으로 살아가며 자신들의 왕국이 회복되는 메시아 시대를 염원하는 모습을 보여 줍니다.

그다음에 5권의 독특한 문학 장르가 구약에서 소개되는데, 바로 지혜 문학서와 시가서입니다. 욥기, 잠언, 전도서, 아가서는 지혜 문학서로 분류되며 150편의 시편은 시가서로 분류됩니다. 당시 고대 근동에도 지혜 문학서와 비슷한 문학 장르가 있었습니다. 구약의 다른 책들이 상대적으로 하나님의 시각으로 쓰였다면, 지혜 문학서와 시가서는 좀 더 인간의 시각으로 삶을 조명하고 어떻게 이 세상에서 지혜롭게 살아갈 수 있는지를 가르쳐 줍니다. 특히 시가서는 시를 쓴 자의 감정적 호소와 절규, 분노의 표현, 감사, 찬양 등으로 풍부한 인간의 감정을 나타내어 문학적으로도 탁월한 작품입니다.

지혜 문학서와 시가서 다음 후반부에 나오는 것이 선지서입니다. 선지서는 대선지서와 소선지서로 나뉘며, 총 17권이 있습니다. 이사야서, 예레미야서, 에스겔서, 다니엘서 등 4권이 여기에 속하며, 시대순으로 배열되어 있습니다. 이들은 분량이 많기 때문에 대선지서로 분류되었습니다. 대선지서에 속하지는 않지만 예레미야서 다음에 예레미야가 썼다고 알려진 예레미야애가가 더해집니다.

소선지서는 12권으로, '12서'(The Twelve)라고 부르며 호세아서부터 말라기서까지를 말합니다. 12서는 선지자들마다 각각 활동했던 시기를 자신들 시대의 왕들을 소개함으로 알림으로써 열왕기와 밀접한 관계를 보여 줍니다. 열왕기를 보면 대략 선지서들의 역사적 배경과 사건을 알 수 있습니다. 12서인 소선지서는 연대순으로 배열되어 있지 않습니다. 12서에서 학개, 스가랴, 말라기는 포로기 이후 페르시아 시대의 선지자들입니다. 선지자들은 모두 하나님의 부르심을 받고 그 시대에 맞는 메시지를 전한 자들입니다.

지금까지 설명한 것처럼 구약은 오경, 역사서, 지혜문학서와 시가서, 선지서 등 네 부분으로 분류됩니다. 각 권을 읽을 때마다 이 책이 어디에 속하는지를 알고 읽으신다면 더 의미 있을 것입니다.

▶ 강의 영상

# 창세기

창세기는 '시작'에 관한 책으로, 구약 신학의 기초가 됩니다. 창세기는 하나님이 세상을 창조하신 때부터 시작해 이스라엘의 족장인 요셉의 죽음으로 마칩니다. 우주의 탄생으로부터 시작하여 한 인간의 죽음으로 마치므로 탄생과 죽음, 매크로(macro)한 스케일과 마이크로(micro)한 스케일이 대조를 이룹니다. 하나님은 두 스케일 모두에 관심을 갖고 관여하고 계심을 보여 줌으로, 크고 광대하신 동시에 세밀하고 자상하신 분으로 소개됩니다.

창세기의 히브리어 제목은 첫 단어를 따서 '태초에'(베레쉬트)로 지었습니다. 한편, 헬라어 번역본 제목은 '게네시스'(Genesis)인데, 이 단어는 발생, 기원, 근원, 원천, 출생, 혈통 등 다양한 뜻을 가지고 있으며 여기에서는 '모든 것의 기원, 시작'을 의미합니다. 실제로 창세기는 우주의 시작, 인류의 시작, 죄의 시작,

구속사의 시작, 언약의 시작, 족장 역사의 시작, 하나님의 선택 받은 백성의 시작, 12지파의 조상의 시작 등 갖가지 시작에 대해 다룹니다. 우리말 제목인 '창세기'는 '세상의 창조에 관한 기록'이란 뜻으로 지어졌습니다.

창세기는 하나님이 모든 창조의 주권자이심을 선포합니다. 그중에 인간은 특별하게 창조되었음을 강조합니다. 하나님은 자신의 형상을 따라 인간을 창조하셨습니다. 창세기는 이처럼 하나님과 인간의 관계에 대한 특별한 배경을 제공합니다. 그렇기에 인간은 신분, 남녀, 인종에 관계없이 존엄한 존재입니다. 이것은 고대 근동 메소포타미아의 창조론과 대조를 이룹니다. 그들의 신화에서는 인간의 존엄성이 부여되지 않았기 때문입니다. 하나님은 생육하고 번성할 인간에게 필요한 모든 생태계를 조성해 주십니다. 이렇게 해 주신 이유는 인간에게 복 주시기 위함입니다.

창세기는 또한 죄의 근원에 대해 가르쳐 줍니다. 복의 근원이신 창조주를 거부하고 피조물인 인간이 '창조주처럼 되려는' 욕망으로 자유의지를 사용하여 창조주의 명령을 거역한 것이 바로 죄의 근원입니다.

창세기는 크게 두 부분으로 나누어집니다.

첫 번째로 1-11장은 '족장 이전 시대 원역사'(The Primeval history)를 다룹니다. 이 부분은 하나님이 말씀으로 우주를 창조하심을 강조하며 인류 전체에 초점이 맞추어져 있습니다. 인류가 어떻게 생육하고 번성하게 되었는가에 대한 기원을 잘 보여 줍니다. 동시에 "죄와 심판"의 주제를 다룹니다. 최초 인류의 죄의 시작으로 인간은 하나님의 면전에서 쫓겨납니다. 그 이후 인간의 세계에는 최초의 살인, 홍수 전에 죄악이 세상에 가득함, 바벨탑 사건 등이 일어나며 죄와의 전쟁이 계속됩니다. 죄와 함께 죽음과 심판이 불가피하게 됩니다. 최초의 인류는 에덴에서 추방되고, 가인은 피하며 유리하는 자가 되고, 인류는 홍수로 멸절의 위기를 맞이하며, 바벨탑은 언어의 혼잡으로 무산됩니다.

그러나 동시에 하나님의 구원 계획도 시작됩니다. 여자의 후손이 뱀의 머리를 상하게 하고(치명타) 뱀은 그의 발꿈치를 상하게 할 것이라는 창세기 3장 15절의 내용은 궁극적으로 인류의 구원자, 메시아가 오실 것임을 알리는 최초의 복음 또는 원시 복음(proto-evangelium)으로 알려져 있습니다. 뱀은 신약에서 '사탄'으로 해석됩니다(롬 16:20; 계 12:9). 홍수 속에서도 노아의 방주는 구원의 방주입니다. 바벨탑 사건 속에서도 셈의 자손에서 나온 사람이 아브라함입니다. 창세기는 "심판 속의 구원"이라는 주제도 부각시키고 있습니다.

두 번째로 12-50장은 '족장사'를 다루며 하나님이 말씀의 능력으로 특별한 사람들을 택하시고 부르시는 구속사의 구체적인 프로그램을 진행하는 데 초점이 맞추어져 있습니다. 우주보다는 지역에, 인류보다는 개인에 초점을 맞추고 아브라함, 이삭, 야곱, 야곱의 12아들의 스토리를 다룸으로써 어떻게 이스라엘이라는 나라가 선택되고 형성되었는지에 대한 기원을 소개합니다. 그 속에 12지파 중 유다 지파에서 미래의 왕-메시아인 구속자가 오실 것이라는 예언도 포함되어 있습니다. 이것은 아브라함과 하나님의 선택된 백성인 이스라엘을 통해 인류를 구원하고자 하시는 하나님의 계획입니다.

하나님이 최초의 인간인 아담과 하와에게 주셨던 번성과 복의 축복은 아브라함을 부르시고 약속하신 언약 속에도 변함없이 반영되어 있습니다. 아브라함의 자손은 번성하여 복을 받을 것이고, 그를 통해 모든 족속이 복을 받게 될 것이라고 약속하십니다. 이러한 아브라함과의 언약은 창세기 전면에 흐르는 기본 신학이 됩니다.

인간의 약함에도 하나님은 신실하게 그분의 언약을 이루어가실 것입니다. 이 모든 것은 인류에게 복을 주시기 위함입니다. 우리도 유다의 자손에서 나오신 메시아를 믿음으로 아브라함의 영적인 자녀가 됨으로써 그 복에 참여할 수 있습니다. 이것이 창세기가 우리에게 주는 메시지입니다. 하나님의 복에 참여하는 모두가 되시기를 바라며 '모든 것의 시작'인 창세기의 세계로 들어가 보시기를 바랍니다.

◆ 핵심 단어: 기원, 창조, 죄, 심판, 구원 계획, 메시아, 원시복음, 언약, 선택, 복
◆ 핵심 주제: 창조의 주권자이신 하나님의 자녀가 되어 하나님의 복에 참여하자

▶ 강의 영상

# 출애굽기

출애굽기라고 하면 찰턴 헤스턴(Charlton Heston) 주연의 "십계"라든가 드림웍스가 제작한 애니메이션 "이집트 왕자"의 장면들이 떠오릅니다. 출애굽기 1장을 펴면 야곱의 70명 가족들이 이집트로 이주해서 '생육하고 번성하여' 큰 민족을 이룬 장면이 시작됩니다. 한 국가를 이룰 만큼 불쑥 성장한 이스라엘 민족을 만나게 됩니다. 이렇게 되는 데까지 400년이란 세월이 걸렸습니다(창 15:13). 하지만 불행하게도 이 민족은 이집트의 바로 밑에서 노예 생활을 하고 있었습니다. 당시 이집트는 주전 16-11세기에 이르는 신왕국 시대에 속해 있었으며 가장 번영한 시기였습니다.

출애굽기의 헬라어 제목은 '에스-호도스'로, '탈출'이라는 뜻입니다. 영어 성경도 그 영향을 받아 '엑소더스'(Exodus)로 이름을 지었습니다. 한편, 우리말 성경은 좀 더 친절하게 '이집트로부터의 탈출기'임을 밝혀 '출애굽기'로 지었습니다. 출애굽기는 "구원", "시내산 율법", "성막"이라는 주제로 크게 세 부분으로 나뉩니다.

이집트에서의 구원을 다루는 첫 번째 부분인 1-18장은 여호와께서 어떤 분이신지를 보여 주는 계시의 중대한 기점을 제공합니다. 그분은 창세기에서 가르쳐 준 창조주이시며, 만국의 주권자 되신 분이십니다. 이스라엘 백성은 이집트를 탈출하며 여호와의 능력을 경험하게 됩니다. 동시에 우리도 그분의 능력을 경험하게 됩니다. 이집트에서의 구원은 하나님의 구원 사역의 전형으로, 구약 구속사의 정점을 찍습니다. 10가지 재앙은 이집트의 거짓 신들과의 우주적 대접전으로, 이집트의 모든 신에 대한 심판이요, 이집트 민족과 만방에 여호와께서 어떤 분이신지를 계시합니다. 이 부분은 첫 유월절, 홍해가 갈라짐, 구름 기둥과 불 기둥, 만나와 메추라기, 반석에서 물이 남과 같은 표적과 기사로 가득합니다. 출애굽 1세대만큼 하나님의 능력과 기적을 경험한 세대는 없습니다.

두 번째 부분인 19-24장은 시내산 율법을 다룹니다. 이 부분에서는 이스라엘이 여호와의 백성이 되는 시내산 언약식을 체결하고 이에 맞추어 여호와께서 율법을 주십니다. 이스라엘 국가의 근간이 되는 십계명과 함께 구체적인 상황에 적용할 수 있는 다양한 판례법을 주십니다. 이것으로 이스라엘은 여호와를 신으로 모신, 고대 근동의 다른 나라들처럼 신과 율법을 가진 정식 국가로 탄생하게 되며 여호와의 선택된 성민으로 출발하게 됩니다. 여호와께서 시내산에 강림하시는 19장의 현현 장면은 그분의 거룩하심을 보이고, 이스라엘 백성뿐 아니라 우리도 함께 그분을 경외하도록 초대합니다.

마지막 부분인 25-40장은 성막에 대한 내용입니다. 성막을 지으라는 지시와 함께 실제 성막을 완성하여 여호와의 영광이 성막에 충만한 장면으로 마칩니다. 성막은 백성 중에 거하시는 하나님의 현존을 상징하며, 하나님이 하나님과 교제하고 만나는 예배의 방법을 예비해 주신 것입니다. 성막은 여호와께서 그들 가운데 '함께하신다'는 증거입니다.

이렇게 출애굽기의 주제는 여호와의 구원의 능력, 율법으로 대변되는 하나님의 백성들에 대한 거룩한 요구, 성막으로 상징되는 교제와 예배의 초대라고 할 수 있습니다.

출애굽기는 신약과도 밀접한 관계가 있습니다. 특히 예수님의 사역과 깊은 연관성이 있습니다. 모세는 인류의 구원자 예수님의 그림자이며, 출애굽기의 구원은 예수 그리스도의 인류를 향한 구속 사역의 그림자입니다. 대제사장 아론은 만민의 대제사장이신 예수님의 그림자이며, 만나는 생명의 떡이신 예수님의 그림자입니다(요 6:48). 십자가 사건은 유월절을 기념하는 절기에 일어났으며, 예수님은 유월절 양으로 친히 우리 모두를 위한 영원한 희생 제물이 되셨습니다(요 1:29; 고전 5:7). 또한 성막에서 지성소와 성소 사이에 쳤던 휘장은 예수 그리스도의 육체를 상징하는 것으로, 예수님이 돌아가실 때 휘장의 장벽은 없어지고 우리는 예수님의 피로 말미암아 담대히 지성소에 나아갈 수 있는 생명의 길을 얻게 되었습니다(마 27:51; 막 15:38; 눅 23:45; 히 10:19-20).

출애굽기의 핵심 구절을 고른다면, 모세가 바로에게 반복해서 요구한 "내 백성을 보내라 그들이 나를 섬길 것이니라"(출 3:12, 18, 4:23, 5:1, 3, 7:16, 8:1, 20, 9:1, 13, 10:3 등)일 것입니다. 우리 모두는 우리를 구속하는 모든 죄와 속박과 고통에서 벗어나 새 모세이신 예수님을 따라나서 여호와만 섬기고, 그분의 말씀대로 살고, 그분의 자녀가 되어야겠습니다. 바로 오늘, 그것을 결단하실 수 있기 바랍니다.

◆ 핵심 단어: 여호와, 이집트, 포로, 유월절, 이집트 탈출기, 구원, 율법, 성막
◆ 핵심 주제: "내 백성을 보내라 그들이 나를 섬길 것이니라"

강의 영상

# 레위기

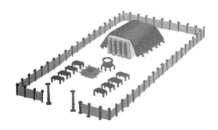

매주 레위기로 설교를 하면 교인 수가 자연스럽게 줄어들 것이라는 농담이 있습니다. 그만큼 레위기는 성도들에게 사랑받지 못하는 책에 속합니다. 또한 구약 통독을 열심히 하다가도 주로 레위기에서 막혀 버립니다. 그러나 레위기는 신약에서 40회 이상 언급될 정도로 중요하며, 특히 신약의 히브리서는 레위기를 모르면 이해하기 힘들 정도로 신학적으로 중요한 책입니다.

레위기라는 제목은 '레위인에 관련된 사항들'이라는 의미인데, '레위 제사장들에게 주는 지침서'라는 뜻으로 쓰였습니다. 레위기는 출애굽기의 연속입니다. 출애굽기가 성막의 완성으로 끝나고, 자연스럽게 레위기는 "여호와께서 회막[성막]에서 모세를 부르시고"(레 1:1)라는 말씀으로 시작합니다. 하나님은 모세에게 성막에 관계된 제사법의 규정과 성결된 삶을 살기 위한 성결법을 가르쳐 주십니다.

이를 반영하여 레위기는 크게 두 부분으로 나닙니다. 1-16장은 하나님께 예배하기 위한 수단으로서의 제사법을 다루고 있으며, 17-27장은 하나님과 교제하기 위한 방법으로서 거룩한 삶을 살기 위한 성결법을 다룹니다. 레위기의 주제를 요약하자면 "거룩한 예배와 거룩한 삶"입니다. 핵심 단어인 '거룩'은 90회 이상 사용되었으며, 핵심 구절은 "너희는 거룩하라 이는 나 여호와 너희 하나님이 거룩함이니라"(레 19:2)라는 말씀입니다. 이렇게 거룩한 예배와 거룩한 삶을 강조하는 것은 하나님의 백성들로 하여금 여호와의 임재를 경험하고 축복을 누리게 하기 위함입니다(레 26:1-13).

'거룩'이란 '구별됨'이라는 뜻으로, 하나님을 섬기기 위해 구별된 삶을 사는 것을 말합니다. 그렇기 때문에 레위기는 유난히 거룩한 것과 속된 것, 정결한 것과 부정한 것을 구별하는 데 많은 관심을 쏟습니다.

제사법은 번제, 소제, 화목제, 속죄제, 속건제 등 5가지 제사의 의례와 절차를 다룹니다. 감사제, 서원제, 낙헌제는 모두 화목제에 속합니다. 11-15장의 정결법은 제의적 정결에 관심을 두며 음식, 출산, 악성 피부병, 유출병을 다루고 종교적 부정함과 정결함을 다룹니다. 질병, 출산, 오염, 감염, 죄, 시체 등이 부정함을 가져오는 원인이며, 제의적인 정결례와 희생 제물을 통해서만 깨끗하게 될 수 있습니다. 1년에 한 번 대제사장만 지성소에 들어가 이스라엘 백성의 모든 죄를 속죄하는 대속죄일이 제사법의 피날레를 장식하는데, 유대인들은 이날을 '욤 키푸르'라고 부릅니다. 이렇듯 레위기는 온통 동물 피의 제사로 가득한 책으로, '피'라는 단어가 90회 이상 쓰였습니다.

언약 백성으로서 하나님과 교제하기 위해 선행되어야 하는 것이 거룩한 삶입니다. 17-27장은 거룩함을 요구하는 법들을 따로 모아 놓고 있어 이를 '성결법전'이라 부릅니다. 이 부분의 핵심 구절이 바로 그 유명한 "네 이웃 사랑하기를 네 자신과 같이 사랑하라"라는 19장 18절 말씀입니다.

또한 레위기는 유월절, 무교절, 칠칠절, 나팔절, 대속죄일, 초막절과 같은 절기에 대해서도 자세히 가르칩니다. 이런 절기들은 여호와께서 하신 일을 상기시키므로 절기들을 지킬 때마다 하나님과 더 밀접한 관계를 유지할 수 있으며 1년 내내 여호와를 기억할 수 있습니다. 또한 7일째 안식일과 7년째 안식년, 그리고 7년이라는 기간이 7회 반복되고 나서 50년째에는 희년을 선포하라는 규정도 나옵니다.

레위기에서 매번 드리는 동물 제사는 신약에 나오는 예수님의 단회적이고 영구적인 제사와 대조를 이룹니다(히 10:1-18; 롬 5:6-11). 우리는 예수님의 피로 단번에 정결하게 되었으며 하나님 앞에 나아갈 자격을 얻었습니다. 또한 우리는 더 이상 레위기의 음식 규례와 정결법에 구애받지 않습니다. 예수님의 피로 의롭게 됨으로 이 모든 요구를 만족시키는 특권을 누리게 되었습니다.

우리가 레위기를 자세히 묵상할수록 예수님께 얼마나 큰 은혜를 입었는지, 그 넓이와 깊이를 실감하게 될 것입니다. 레위기의 동물 제사는 모든 죄를 다 해결할 수 없었습니다. 구약에서는 의도적으로 짓는 고의적 범죄가 용서받을 수 있는 길이 없었습니다. 그러나 예수님의 피는 우리를 온전히 깨끗게 합니다. 용서받지 못할 죄가 없습니다. 우리를 은혜의 홍수로 이끄는 레위기 읽기에 도전해 보시기를 바랍니다.

### 레위기의 구성

- 1-16장 제사법
- 17-27장 성결법

### 구약 제사 및 절기

- 5대 제사: 번제, 소제, 화목제(감사제, 서원제, 낙헌제), 속죄제, 속건제
- 성결법: 거룩함을 요구하는 법
- 절기: 유월절, 무교절, 칠칠절, 나팔절, 대속죄일, 초막절

◆ 핵심 단어: 제사법, 성결법, 거룩, 희생 제사, 피, 절기, 예수님의 피, 은혜
◆ 핵심 주제: 거룩한 예배와 거룩한 삶

▶ 강의 영상

# 민수기

민수기는 출애굽기와 레위기의 연속입니다. 출애굽기에서 성
막을 완성하고, 레위기에서 제의 제도를 완비한 후, 이제 민수
기에서는 가나안 땅으로 들어갈 공식적인 준비를 합니다. 민수
기 1장을 통해 백성들이 아직 시내 광야에 머물러 있으며 이집
트에서 나온 지 2년째가 된 2월 1일임을 알 수 있습니다.

민수기의 히브리 성경 제목은 '광야에서'이며, 이 제목은 이
스라엘 백성의 38년 광야 생활의 대부분을 기록하고 있다는
데 중점을 두고 있습니다. 한편, 우리말 성경은 '백성들의 수를
센다'는 뜻으로 '민수기'(民數記)라는 제목을 붙였는데, 이는 두
차례에 걸친 인구 조사와 그 외 많은 숫자 목록(민 3:15-39, 7:10-
88, 28-29장, 31:32-52)에 중점을 둔 것이며 헬라어와 라틴어 성경의
전통을 따른 것입니다.

민수기라는 제목에 걸맞게 민수기는 크게 두 부분으로 나

눌 수 있습니다. 1장과 26장의 2회에 걸친 인구 조사에 따라 1-25장에서는 출애굽 첫 세대의 실패를 기록합니다. 26-36장은 출애굽 2세대에게 거는 기대를 보여 주며 그들의 긍정적인 모습을 기록합니다. 새 세대를 거느릴 새 지도자의 교체도 이때 일어납니다. 새 지도자는 바로 여호수아입니다.

민수기를 기록한 목적은 4가지 정도로 정리해 볼 수 있습니다.

첫째, 순종할 때의 축복을 알려 줍니다. 1-10장은 인구 조사와 함께 가나안 땅에 들어갈 조직과 진을 배치하고 전쟁 대열로 정렬하는 등 모든 것이 '여호와의 명령대로' 진행되는 것을 보여 줍니다. 출애굽 1세대는 가나안 땅을 점령할 수 있는 모든 조건을 갖추었으며 정말 큰 잠재력을 가지고 있었습니다. 그들이 여호와께 순종할 때 모든 일이 순조로웠습니다.

둘째, 민수기는 이스라엘 백성의 광야 생활을 기록하며 그들이 왜 약속의 땅으로 들어갈 수 없었는지를 보여 줍니다. 그 이유는 그들의 끊임없는 불순종, 불평, 불만, 불신, 반역, 원망이었습니다. 이스라엘 백성은 하나님이 주신 만나에 불평했고, 아론의 제사장직에 불만을 가졌고, 모세의 리더십에 반기를 들었으며, 계속적으로 물 부족 문제로 부르짖었고, 먹을 것이 없다고 노정이 힘들다고 불만을 토로했습니다. 그들에게서는 만족과 감사, 여호와에 대한 신뢰를 찾아볼 수 없었습니다. 이것만 보아도 이스라엘 백성이 어떤 자격이 있어서가 아니라, 순전히 하나님의 은혜로 구원받았음을 알 수 있습니다.

셋째, 이스라엘 백성의 끊임없는 언약에 대한 불순종과 우상 숭배와 불신은 축복의 기회를 상실하게 만든다는 것을 보여 줍니다. 출애굽 1세대는 결국 가나안 땅에 들어가는 특권을 빼앗기고 맙니다. 12명의 정탐꾼 중 10명의 믿음 없는 보고를 믿은 이스라엘 백성은 하나님의 진노를 사게 되어 결국은 광야에서 죽게 됩니다. 나중에는 모세와 아론도 순간적인 불신으로 가나안 땅에 들어가는 것을 금지당합니다(민 20장). 그들의 죄의 결과는 믿는 우리에게 거울이 되게 하기 위하여 기록된 것입니다(고전 10:1-11). 우리도 이러한 태도를 유지하면 결국 하나님이 주려고 예비하신 축복을 상실하게 될 것입니다.

넷째, 하나님의 신실하심과 은혜로우심을 보여 줍니다. 하나님은 이스라엘의 반역에도 불구하고 출애굽 2세대인 새 세대가 약속의 땅에 들어가도록 허락하심으로 오래전 아브라함과 맺으신 땅에 대한 언약을 지키십니다. 여호와께서는 말하는 나귀까지 동원하여 발람 술사에게 경고를 주시고, 이스라엘 백성을 향한 발람의 세 번의 저주를 세 번 다 축복으로 바꾸어 주십니다. 이렇게 민수기는 인내하시는 하나님, 공급해 주시는 하나님, 중보 기도에 응답하시는 하나님, 보호해 주시는 하나님, 약속을 지키시는 하나님 등 하나님에 대해 많은 가르침을 줍니다. 이스라엘 백성은 자격이 없지만, 여호와께서는 여전히 그들의 신실하신 하나님으로 남으십니다.

지리적으로만 보면, 이스라엘 백성은 시내 광야에 머물러 있다가(민 10:12) 바란 광야로 이동해 가며(민 10:12), 마지막 40년째에는 요단 건너편, 곧 여리고 맞은편에 위치한 모압 평지에 이르게 됩니다(민 22:1, 36:13).

민수기 21장에는 범죄하여 뱀에 물려 죽어 가던 이스라엘 백성 중에서 모세가 장대 위에 만들어 단 놋 뱀을 믿음으로 쳐다본 자들은 다시 살아나는 이야기가 나옵니다(민 21:4-9). 예수님은 이 말씀을 인용하시며 모세가 광야에서 뱀을 든 것같이 본인도 십자가에 달려야 하며 누구든지 인자를 믿는 자는 영생을 얻을 것이라고 말씀하십니다(요 3:14-15).

이렇듯 민수기는 우리에게 영적 교훈과 도전을 주기 위해 쓰였습니다. 날마다 삶의 광야 생활에서 믿음 없는 자들처럼 불신, 불만, 불평, 원망하다가 광야에서 쓰러지지 말고, 예수님을 바라보며 모두 젖과 꿀이 흐르는 가나안 땅에 입성하게 되시기를 축원합니다.

◆ 핵심 단어: 광야, 출애굽 1세대, 출애굽 2세대, 모세, 여호수아, 순종, 하나님의 은혜, 불순종, 하나님의 신실하심, 놋 뱀, 인자이신 예수님, 가나안
◆ 핵심 주제: 삶의 광야에서 쓰러지지 말고 가나안에 입성하자

▶ 강의 영상

# 신명기

유대인들에게 신명기의 핵심 구절을 선택하라고 하면 6장 4-9절을 꼽을 것입니다. 이 구절은 첫 단어가 '쉐마'라는 히브리어 단어로 시작하기 때문에 유대인들은 '쉐마'라고 부릅니다. 이는 '들으라'라는 뜻입니다. 우리의 신앙 고백이 사도신경이라면, 쉐마는 유대인들의 신앙 고백이며, 자녀 교육의 근간이며, 율법의 요약체입니다. 신앙심이 깊은 유대인들은 정기적으로 쉐마를 암송하며 '필랙터리'(Phylactery, 경문갑)라는 조그마한 가죽 상자에 이 말씀을 넣은 뒤 이마와 팔에 묶고 다닙니다.

출애굽을 이끈 3명의 영웅 중 아론과 미리암은 광야에서 이미 죽었습니다. 그들은 외로운 모세의 리더십에 직간접적으로 큰 힘이 되어 주었던 자들입니다. 모세도 곧 그들의 뒤를 따를 처지입니다. 가나안 땅을 멀리서만 안타깝게 바라보아야 하는 모세로서는 만감이 교차하는 시기였을 것입니다. 신명기는 지도자 모세가 새 세대에게 주는 마지막 고별 메시지의 성격을 띠고 있습니다. 노장 지도자인 모세가 그들에게 자식을 떠나보내는 아비의 심정으로 축복을 빌어 주고 잘 살도록 당부하는 아름다운 책입니다. 신학자들은 신명기를 '구약 신학의 중심점'으로 보았으며 '가장 신학적인 책'이라고도 평가했습니다.

40년이라는 세월이 차서 이집트에서 나온 1세대는 다 죽고, 2세대가 가나안 땅으로 들어가기 위해 여리고 맞은편 요단가 모압 평지에 진을 치고 있습니다. 모세는 젊은 새 세대에게 가나안 땅이라는 새로운 환경에서 광야 세대가 범했던 실수를 반복하지 않고 하나님의 명령과 규례를 잘 지켜 복을 누리며 살 수 있도록 율법 전반에 걸쳐 설명을 해 주고 있는데, 그것이 신명기의 내용입니다.

그렇기 때문에 신명기는 과거 이스라엘의 역사, 특히 출애굽의 역사와 그 가운데 드러난 하나님의 은혜를 상고하면서 이미 주신 율법들을 고찰하며 보충하기도 하고 재해석해 주는 역할을 하기도 합니다. 일종의 율법의 주석 역할을 하기도 하고 상황화함으로써 그들이 새로운 환경에서 율법을 잘 적용하도록 도와줍니다. 순종에 따른 축복과 불순종에 따른 저주를 강조함으로 우상을 멀리하고 하나님만 섬기고 경외하며 하나님과 맺은 언약에 순종하도록 호소합니다(신 27-28장). 새 세대와 언약을 재확인하려는 의도로 언약-조약 형식을 사용하고 있습니다. 신명기(申命記)라는 제목은 '되풀이 신'(申) 자를 써서 '하나님의 계명을 되풀이해서 자세히 기록한 책'이란 뜻을 담고 있습니다.

모세는 "이스라엘아 네 하나님 여호와께서 네게 요구하시는 것이 무엇이냐"라고 물으며 다음과 같은 4가지 답을 줍니다(신 10:12-13). 1) 네 하나님 여호와를 경외하라(fear). 2) 그분의 모든 도를 행하고 그분을 사랑하라(walk and love). 3) 마음을 다하고 뜻을 다하여 여호와를 섬기라(serve). 4) 네 행복을 위하여 주신 명령과 규례를 지키라(keep). 이렇게 모세가 이스라엘 백성에게 준 4가지 영적인 원리(4영리)가 신명기의 핵심입니다.

신명기는 창세기부터 신명기까지 오경의 결론인 동시에, 앞으로 전개될 구약 역사서의 신학적 근간이 되는 책이기도 합니다. 또한 신구약에서 가장 많이 인용된 책에 속하기도 합니다. 구약에서만 350회 이상, 신약에서도 190회 이상 인용됩니다. 예수님도 사탄의 세 번의 유혹을 모두 신명기를 인용함으로써 물리치십니다. 서기관 중 한 사람이 예수님께 계명 중에 첫째가 무엇이냐고 물으니, 예수님은 바로 "너는 마음을 다하고 뜻을 다하고 힘을 다하여 네 하나님 여호와를 사랑하라"(신 6:5)라는 쉐마 절을 인용하십니다(막 12:28-30).

신명기는 '한 분 하나님, 한 백성, 한 성전'을 강조합니다. 가나안 민족들처럼 다신을 믿지 않기 때문에 많은 신전이 필요 없다고 말하며 중앙 성전 하나만 고집합니다. '여호와께서 택하신 곳'으로 예배 장소의 단일화를 주장합니다.

하나님의 이름을 강조하는 '이름의 신학'도 중요합니다. 하나님의 이름이 언급된 문맥은 항상 헌신과 관계를 요하며, 그분의 소유권을 의미하며, 임재하심을 의미하며, 여호와께서 언약에 대해 신실하실 것을 의미합니다. 신명기에서는 하나님의 말씀이 토라로 대변되어 있고, 토라에 정경의 권위를 부여합니다.

고대 근동의 신들은 주로 일관성이 없고 변덕이 심하기 때문에 신자들은 늘 불안한 상태에 있었습니다. 그러나 이스라엘의 하나님은 뜻을 명확하게 밝히시고 지켜야 할 사항을 말씀으로 요구하셨기 때문에 이것은 행운이요 자비의 표현이며, 속박이 아니라 자유의 계시로 여겨졌습니다.[1] 이렇듯 신명기는 율법에 대해 긍정적 이해를 강조합니다.

'하나님의 사랑'에 대한 신학도 잘 나타나 있습니다. 하나님이 먼저 이스라엘을 사랑하셨음을 강조합니다. 이스라엘을 선택하신 것은 그들이 자격이 있기 때문이 아니라, 순수하게 하나님의 사랑 때문이라는 것입니다. 그렇기 때문에 하나님은 우리의 사랑도 종교적인 의무가 아닌 마음에서 우러난 것이기를 바라십니다.

신명기는 부담 없이 QT 시간에 묵상하면서 읽는 것이 최고입니다. 보석과 같은 메시지를 무수히 발견할 것입니다. 모세의 메시지에 많은 은혜 받으시기를 축원합니다.

◆ 핵심 단어: 쉐마, 모세, 새 세대, 고별 설교, 구약 신학의 중심점, 가장 신학적인 책, 언약, 4가지 영적인 원리, 여호와, 토라, 하나님의 사랑

◆ 핵심 주제: 한 분 하나님, 한 백성, 한 성전

▶ 강의 영상

# 6

# 여호수아

여호수아는 '여호와께서 구원하신다'라는 뜻을 가지고 있습니다. 여호수아의 원래 이름은 '구원'이라는 뜻을 가진 호세아인데, 모세가 이름을 바꾸어 줍니다(민 13:8, 16). 여호수아를 헬라어로 번역하면 '예수'가 됩니다. 구약의 예수가 바로 여호수아입니다. 여호수아는 그 이름대로 여호와께서 가나안 정복을 성취해 주심으로써 이스라엘 백성의 이집트로부터의 구원을 완성합니다. 창세기부터 신명기까지 5권의 책을 '오경'이라 부르는데, 오경이 '여호와의 약속'의 책이라면, 여호수아서는 그 '약속의 성취'의 책입니다. 여호수아서는 여호와께서는 약속을 신실하게 지키시는 분임을 가르쳐 줍니다.

이렇듯 여호수아서는 오경과 밀접한 관련이 있습니다. 모세가 홍해를 갈랐다면, 여호수아는 요단강을 가릅니다. 유월절 문설주의 피로 장자들이 죽음을 면했다면, 라합 집의 붉은 줄은 그 집 안의 사람들을 살립니다. 12명의 정탐꾼 중 2명이 좋은 보고를 했다면, 여호수아는 2명의 정탐꾼을 보내 좋은 보고를 받습니다. 모세는 이집트에서 민족을 이끌기 전 불붙는 가시 떨기나무에서 여호와의 사자를 만났다면, 여호수아는 가나안 전쟁을 시작하기 전 여호와의 군대장관을 만납니다. 모세는 출애굽 전에 유월절을 보냈으며, 여호수아는 정복 전에 유월절 절기를 보냅니다. 모세는 10가지 재앙과 하나님이 개인적으로 보여 주신 3가지 기사를 합해 13가지 표징을 행했으며, 여호수아는 첫 정복 전에 여리고성을 총 13회 돕니다. 광야에서 백성들이 불순종했을 때 모세가 중보 기도를 했듯, 여호수아도 아이 전쟁의 실패 후 이스라엘을 위해 중보 기도를 합니다. 여호수아는 제2의 모세로 활약합니다. 오경의 여호와께서 창조주이시기에, 여호수아서에서 여호와께서는 원하는 국가에게 땅을 줄 수 있는 권리가 있으신 것입니다.

여호수아서는 역사서에 속하며, 역사적 사건들 속에서 여호와의 일하심을 보여 주기 때문에 '신학적 역사'라고도 불립니다. 시대적 배경에 대해서는 학자마다 의견이 분분하나, 대략 주전 15세기 말 내지 13세기로 보는 두 견해가 주류를 이룹니다. 마지막에 여호수아의 죽음이 기록되어 있으므로, 적어도 여호수아가 죽은 지 어느 정도 시간이 지난 후에 책이 완성되었다고 봅니다.

바알 신을 섬기는 가나안 백성의 음란한 문화는 고고학적 발견을 통해 잘 알려져 있습니다. 여호수아서에서 가나안 땅 백성을 진멸하라는 명령은 그들의 죄에 대해 심판하고 이스라엘 백성의 거룩함을 유지하려는 두 가지 목적을 모두 달성하기 위한 것입니다. 이렇게 여호와께서 직접 진두지휘하시고 여호와의 명령에 따라 행해지는 전쟁을 '거룩한 전쟁'(Holy War) 또는 '여호와의 전쟁'이라고 부릅니다. 여호와의 군대장관이 나타난 것도 이 전쟁이 여호와께 속한 것임을 보여 주고자 한 것입니다. 제사장이 언약궤를 메고 여리고성을 도는 것도 이 전쟁이 단순한 국가 간의 침략이 아닌 여호와의 전쟁임을 드러낸 것입니다.

동시에 이 전쟁은 돌이킬 수 없는 가나안의 죄에 대한 심판이며 하나님의 공의를 만천하에 선포하는 전쟁입니다. 그렇기에 전쟁의 승리 비결이 군사력이나 무기에 있지 않고, '하나님 말씀에 대한 순종 여부'에 달려 있었습니다. 하나님은 전쟁에 임한 리더인 여호수아에게 군사 전략이 아니라, "이 율법책을 네 입에서 떠나지 말게 하며 주야로 그것을 묵상하여 그 안에 기록된 대로 다 지켜 행하라"(수 1:8)라고 요구하십니다. 율법을 지키면 모세와 함께했던 것처럼 여호수아와도 함께하겠다고 말씀하십니다. 여호수아서는 바로 이것이 전쟁의 승리 비결임을 가르쳐 주기 위해 쓰인 것입니다.

여호수아서는 1-12장의 정복, 13-21장의 분배, 22-24장의 여호수아의 고별사 등 세 부분으로 나누어집니다. 정복 부분에서는 여리고 전쟁을 비롯하여 아이성과의 전쟁, 기브온 거민의 사기극, 마지막에는 점령한 31개 성읍 명단이 나옵니다. 분배 부분에서는 12지파 모두에게 분배를 마치면서 "여호와께서 주리라 맹세하신 온 땅을 다 주셨고 약속하신 말씀이 하나도 남음이 없이 다 응했다"라고 결론을 내립니다(수 21:43-45). 여호수아의 고별사 부분의 핵심은 "여호와만 섬기고 그분의 말씀에 순종하라"는 것입니다.

여호수아는 경건한 리더십을 보여 주는 훌륭한 모델입니다. 하나님이 전쟁 후에 이스라엘에게 주신 안식은, 신약에서는 우리가 들어갈 영원한 안식과 연결됩니다(히 4:8-9). 우리 모두는 지금 영적 전쟁 중이라는 것입니다. 이스라엘 백성은 '여호수아 본받아 앞으로 갔지만', 현대의 우리는 '예수 그리스도를 믿고 그분을 본받아'(새찬송가 347장) 믿음과 순종을 통해 영원한 안식에 들어가는 그날까지 영적 전쟁에서 열심히 싸워야겠습니다(엡 6장). 여호수아서를 읽고 힘내서 승리하는 삶을 사시기를 축원합니다.

---

◆ 핵심 단어: 오경, 약속, 제2의 모세, 여호와의 전쟁, 승리의 비결, 정복, 분배, 여호수아의 고별사, 영적 전쟁

◆ 핵심 주제: 여호와의 전쟁에서 승리 비결은 하나님 말씀에 대한 순종이다

▶ 강의 영상

# 7

# 사사기

사사기라는 제목은 "하나님이 사사를 세우셨다"라는 본문 말씀에서 연유되었습니다(삿 2:16). 하나님이 필요에 따라 세우신 사사들은 침략자의 손에서 이스라엘 백성을 구해 내는 '구원자' 역할을 수행했으며, 영적 리더라기보다는 군사적 리더였습니다. 철 병거가 언급된 것으로 보아(삿 1:19) 주전 14-11세기, 또는 12-11세기에 해당하는 후기 청동기와 철기 시대 초기가 사사 시대라고 볼 수 있습니다.

사사기의 저자는 알 수 없는데, 이스라엘이 정착한 지 300년이 흘렀다는 입다의 말에 따르면, 어떤 한 사람이 보고 경험한 내용을 기록한 것은 아닙니다(삿 11:26). 유대 전승은 사무엘을 저자로 간주합니다. 그러나 사사기 내용 중 "그 땅 백성이 사로잡히는 날까지"(삿 18:30)라는 표현이 바벨론 포로기를 염두에 둔 것이라면, 사사기가 실제 완성된 시기는 적어도 포로 시기

이거나 그 이후로 볼 수 있기 때문에 사무엘 저작설은 가능성이 희박해집니다.

역사적으로 사사기는 여호수아 죽음 이후의 시대를 기록하고 있습니다. 여호수아 이후로는 강력한 권위를 가진 1인 지도자가 없었으며, 영적으로 여호수아 시대와 대조되는 시대가 오게 됩니다. 여호수아 시대의 사람들이 다 죽은 후에 여호와를 알지 못하는 세대가 생겨난 것입니다(삿 2:10). 즉 전 세대의 신앙 교육이 실패했다고 볼 수 있습니다. 여호수아 시대가 믿음과 순종으로 승리했다면, 사사 시대는 '사람마다 자기 소견에 옳은 대로 하는 시대'로 바뀌며 하나님을 신뢰하지 않습니다. 여호수아 시대의 정착 이후 나머지 가나안 족속을 진멸하는 임무를 다하지 못한 다음 세대의 실수는 신앙적으로 타협하고 타락한 배교의 시대를 열게 됩니다. '여호와 중심의 나라'가 아닌 '가나안화된 혼합 종교의 나라'가 됩니다. 가나안 사람들을 진멸하는 대신 그들과 함께 거주하는 최악의 시나리오가 전개됩니다.

사사기에는 반복되는 뚜렷한 구조가 있습니다. 먼저, 백성들이 우상 숭배로 죄를 지으면, 하나님이 그들을 이방 압제자의 손에 넘기십니다. 백성들이 여호와께 살려 달라고 부르짖으면 여호와께서는 그들을 적의 손에서 구원할 사사들을 일으키시며, 사사들이 치리하는 한 평화가 유지되는 패턴입니다. 그러나 사사들이 죽으면 백성들은 다시 악순환의 고리를 반복합니다. 심지어 이전보다 더 악한 모습으로 하향 곡선을 그리며, 가나안에 정착한 이스라엘호는 점점 침몰해 갑니다. 한두 번도 아니고 번번이 어려움을 당할 때마다 부르짖는 백성들에게 사사들을 세우신 것은 순수하게 하나님의 자비하심이며 반복하여 베푸시는 은혜입니다.

'죄 → 이방인들의 압제 → 부르짖음 → 사사를 통한 구원 → 평화'의 주기를 반복하면서 12명의 사사들이 소개됩니다. 12지파를 의식하여 12사사를 소개함으로써 이스라엘 백성의 총체적인 죄를 강조합니다. 그중에서 옷니엘, 에훗, 바락, 기드온, 입다, 삼손 등 6명의 '대사사'의 스토리가 이 패턴을 좇아 소개됩니다. 각각의 독특한 이야기들이 덧붙여지지만, 기본 틀은 동일합니다. 나머지 6명인 삼갈, 돌라, 야일, 입산, 엘론, 압돈은 스토리가 소개되지 않기 때문에 '소사사'로 불립니다.

대사사들은 뒤로 갈수록 점점 불완전함을 드러냅니다. 기드온의 아들은 왕이 되려다가 문제를 일으키며, 입다는 경솔한 맹세를 하며, 삼손은 나실인의 운명을 따르기보다는 블레셋 여인들과 끊임없이 염문을 뿌립니다. 또한 개인의 보복으로 블레셋을 무찌르는 것처럼 보이는 삼손은 영웅인지, 문제의 인물인지 혼돈될 정도의 모습으로 대사사의 마지막을 장식합니다. 그럼에도 하나님은 사사들 모두를 도구로 사용하셨고, 이들이 치리하는 동안에는 평온이 있었습니다. 특별히 하나님의 영의 활동이 사사기에서 두드러지는 부분도 주목해야 합니다.

12명의 사사에 대한 이야기가 끝나고, 마지막 17-21장은 결론에 해당합니다. 결론에서는 4회에 걸쳐 '이스라엘에 왕이 없으므로' 사람들이 자기 소견에 옳은 대로 살았다는 이야기를 반복하고(삿 17:6, 18:1, 19:1, 21:25), 실제로 그런 이스라엘의 모습을 개인, 지파, 레위인들의 모습을 통해 보여 주면서 경건한 왕의 필요성을 부각시킵니다. 그러면서 사사기는 우리에게 '과연 그 왕이 누구인가?'를 질문하게 만듭니다. 사사들보다 더 훌륭한 영적 리더가 나온다면 나라가 더 안정되고 이상적으로 유지될 수 있을 것이라는 기대감을 줍니다. 이렇게 사사기는 다음의 왕정 시대를 대비하며, 오실 왕을 준비합니다.

기대하던 왕이 가깝게는 다윗일 수도 있습니다. 그러나 궁극적으로는 진정한 왕이신 메시아를 바라보도록 만듭니다. 그런 의미에서 사사들은 모두 오실 메시아의 그림자입니다. 하나님이 이 세상을 심판하실 때 메시아는 우리를 악의 세력에서 구원하는 진정한 구원자가 되실 것이며 유일한 사사가 되실 것입니다.

사사기를 묵상하며 우리가 혹 지금 개인 또는 국가적으로 사사 시대의 악순환 사이클의 어딘가에 있지는 않은지 살펴보며, 하나님께 은총을 구하는 시간을 가지시기 바랍니다.

◆ 핵심 단어: 사사, 구원자, 군사적 리더, 신앙 교육 실패, 변질, 악순환의 고리, 대사사, 소사사, 왕, 메시아

◆ 핵심 주제: 진정한 구원자이자 유일한 사사이신 예수님을 바라보자

▶ 강의 영상

# 8

# 룻기

룻기는 어떠한 책일까요? 시어머니를 잘 모시지 못하는 며느리들에게 주는 경고 메시지일까요? 불행하고 가난한 과부라도 마음씨만 고우면 부자 남편을 만나 잘 살 수 있다는 교훈을 주는 스토리일까요? 아니면 어느 이방 여인과 이스라엘 남자가 한눈에 반하게 된 러브 스토리일까요? 그것도 아니면 다윗의 조상들이 어떤 사람들이었으며 그들은 어떻게 결혼까지 하게 되었는지에 대해 설명해 주는 옛날 조상들의 이야기일까요? 그것도 아니라면 룻기의 주제는 과연 무엇일까요?

　룻기는 작자 미상입니다. 기록 연대도 정확히 알 수 없으나 다윗의 이름이 마지막에 나오는 것으로 보아 적어도 다윗 시대이거나 그 이후에 기록된 것은 확실합니다. 유난히 대화문이 많아서 연극으로 만들기에 좋은 문학적 특징을 가지고 있으며, 목가적 분위기의 단편 소설 같은 느낌도 있습니다. 룻기에는 보리 추수와 밀 추수가 언급되는데, 따라서 그 계절과 관련된 절기인 칠칠절이 되면 유대인들은 모두 회당에 모여 룻기를 읽는 전통이 있습니다.

룻기의 배경은 사사 시대입니다. 사사 시대는 '사람마다 자기 소견에 옳은 대로 행하던' 암흑과 무질서, 부도덕, 영적 혼란의 시기였습니다. 그런데 이상하게 룻기에는 단 한 명의 악인도 등장하지 않습니다. 고부 갈등은커녕 며느리들이 시어머니를 봉양하겠다고 따라나섭니다. 노사 관계의 갈등은커녕 보아스와 그의 일꾼들은 만나자마자 서로 축복의 인사부터 나눕니다. 과부인 이방 여인을 무시하기는커녕 보아스는 룻에게 이삭을 주울 수 있도록 온갖 배려를 해 줍니다. 엑스트라로 등장하는 친족조차도 자신의 '기업 무를 의무'를 다하려다가 힘에 부침을 깨닫고 할 수 없이 보아스에게 책임을 양도합니다. 이들 모두가 사사 시대의 사람들 같지 않게 선한 행동을 합니다. 죄악된 시기에 보석 같은 이들의 이야기가 바로 룻기라고 할 수 있습니다.

룻기의 주요 등장인물은 나오미, 룻, 보아스 등 세 사람입니다. 그중에서도 룻은 단연 돋보입니다. 이는 룻에게 계속적으로 따라붙는 '모압 여인'이라는 타이틀을 보아도 알 수 있습니다. 그녀는 이스라엘 여인이 아니라 이방 여인이며, 더군다나 과부입니다. 구약에서 고아, 객, 과부는 이스라엘 백성의 자비와 동정에 의해서만 생존할 수 있는 사회적 약자요, 극빈곤층을 대표하는 전형적인 자들입니다.

롯의 경우는 이방 여인 과부로서 늙은 과부인 시모를 모셔야 하는 최악의 조건을 지녔는데, 그녀는 이 모든 것을 스스로 감당하기로 자원합니다. 그녀는 앞으로 펼쳐질 삶에 대해 인간적이고 현실적인 계산을 하지 않습니다. 그 과정에서 그녀는 "어머니의 백성이 나의 백성이 되고 어머니의 하나님이 나의 하나님이 되시리니"(롯 1:16)라는 유명한 말을 남기기도 했습니다. 사사 시대에 이스라엘 백성은 배교 행위와 우상 숭배로 하나님의 분노를 자아냈습니다. 하지만 이방 여인 롯은 시어머니의 하나님을 자신의 하나님으로 받아들이는 것을 마다하지 않았고, 하나님의 백성이 되기로 자처하는 놀라운 사람이었습니다.

롯은 나오미를 위하여 자손을 만들어 주기를 원하며, 나오미는 롯을 행복하게 해 줄 수 있는 보금자리를 마련해 주기를 원하고, 보아스는 이런 롯을 기특하게 보고 기꺼이 모든 것을 수용하기로 결정합니다. 보아스는 친족으로서 할 수 있는 '기업 무를 자의 의무'를 뛰어넘어 엘리멜렉의 자손을 이어 주는 역할까지 자원합니다. 이것이 하나님이 그분의 백성에게 원하신 삶의 모습입니다. 세 사람의 아름다운 삶의 결과로, 그 후손에서 예수 그리스도의 조상이 된 다윗이 태어나게 된 것입니다.

이 세 사람은 서로에게 유익을 주기를 원함으로 결국 온 인류를 구원하는 일에 간접적으로 참여하는 축복을 받았습니다. 그리고 그 일을 이루는 중심에는 놀랍게도 이스라엘 여인이 아닌 모압 여인 룻이 있었습니다.

구약 중에서 여성의 이름이 제목이 된 책은 단 2권입니다. 하나는 에스더서이며, 에스더는 이스라엘 여인입니다. 그러나 룻은 이방 여인이요 과부임에도 불구하고 당당하게 제목에 자신의 이름을 올렸습니다. 이스라엘 백성의 입장에서는 가슴 아픈 일입니다. 이방 여인 룻이 이스라엘 여인보다 훨씬 더 고귀하게 표현되기 때문입니다. 하지만 룻기에서의 하나님은 누구든지 하나님의 백성이 되기를 원하고 또한 서로에게 유익이 되는 삶을 살기 원하는 자에게는 이방인이든 이스라엘 백성이든 차별을 두지 않고 은혜 베푸심을 알 수 있습니다.

히브리어 성경에서는 룻기를 잠언 뒤에 배열합니다. 룻기에서 보아스가 룻에게 "현숙한 여자"(룻 3:11)라고 말하는데, 잠언 31장 '현숙한 여인'의 모델이 바로 룻이라는 메시지를 던지고 있는 것입니다. 룻이라는 여인이 왜 현숙한 여인으로 불렸는지를 질문하며 룻기를 통해 이 놀라운 여인을 만나 보시기 바랍니다.

◆ 핵심 단어: 사사 시대, 영적 혼란의 시기, 이방 여인 과부, 신앙 고백, 기업 무를 자, 현숙한 여인
◆ 핵심 주제: 죄악된 시기에 보석 같은 이들의 이야기

▶ 강의 영상

# 9

# 사무엘상

현재 사무엘상·하는 두 권으로 나뉘어 있으나 원래는 한 권이었습니다. 역사적으로는 사사기 말기부터 다윗 말기까지를 다룹니다. '왕이 없다'는 이야기로 마치는 사사기를 염두에 둔 듯, 사무엘은 킹 메이커로서 왕정 시대를 엽니다. 그는 이스라엘의 마지막 사사인 동시에 제사장, 선지자의 역할을 맡은 위대한 지도자입니다. 그가 왕정 시대의 창립에 지대한 공을 세웠기에 책의 제목도 사무엘의 이름을 따서 지어집니다.

사무엘서는 사무엘, 사울, 다윗 등 3명의 중심 인물로 내용이 전개됩니다. 시대 배경은 주전 11세기 후반부와 10세기 초까지이며, 철기 시대에 해당됩니다. 사무엘의 이름은 '여호와께 구함'이라는 의미를 가지고 있으며, 유대 전승에 따르면 사무엘상은 사무엘이 기록했고 사무엘하는 선지자 나단과 갓이 기록했다고 보지만, 확실히 말하기는 힘듭니다.

1-7장은 사무엘이 주인공입니다. 모세의 스토리에서 모세 어머니에 대한 이야기가 나오듯, 사무엘 스토리에서도 사무엘의 어머니 한나 이야기가 나옴으로써 사무엘이 중요한 인물임을 가르쳐 줍니다. 사무엘은 당시 제사장이었던 엘리와 그의 아들들과 대조를 이룹니다. 사무엘은 여호와를 섬기나, 엘리의 아들들은 여호와 앞에서 악합니다(삼상 2:12-26). 사무엘은 하나님의 음성을 듣지만, 엘리는 듣지 못합니다(삼상 3장). 엘리 제사장과 그의 아들들은 당시의 영적으로 어두운 시대상을 대변합니다.

엘리 제사장의 아들들은 여호와의 언약궤가 자신들을 지켜 줄 것이라 믿고 블레셋과의 전쟁에 언약궤를 가져옵니다(참고 삼상 4:3. 장로들이 가져오자고 했지만 엘리의 두 아들들이 언약궤와 함께 있었고 언약궤와 함께 전쟁에 참여한 이유는 그러한 장로들의 신학에 동조했기 때문이다). 하지만 전쟁도 패하고, 언약궤도 빼앗기고 맙니다. 이 과정에서 같은 날에 엘리는 뒤로 자빠져 목이 부러져 죽고, 그의 아들들은 전쟁에서 죽고, 그의 며느리는 아이를 낳다 죽는데, 그 아기의 이름은 '이가봇'이며 '영광이 떠났다'는 뜻입니다. 이스라엘의 영적 상태를 상징하는 이름이라고 할 수 있습니다.

여호와의 언약궤가 블레셋에게 빼앗겼을 때 하나님은 다곤 신상을 두 번이나 엎어뜨리심으로써 자신이 다곤보다 강한 분임을 보여 주십니다. 또한 독한 종기 재앙으로 아스돗 사람들을 치셔서 그들에게 하나님의 능력을 보여 주십니다. 결국 언약궤는 이스라엘로 돌려보내집니다.

8-15장의 주인공은 사무엘과 사울입니다. 이스라엘 백성이 왕을 요청합니다. 하나님은 이것을, 하나님이 그들의 왕이 되기를 거절하는 악한 행위로 보십니다. 하나님이 왕정 제도를 반대하신 것이 아닙니다. 백성들이 자신들을 전쟁터로 인도할 왕이 없기 때문에 어려움을 겪고 있다고 믿어서 왕을 요청했지만, 사실 그들은 죄로 인하여 어려움을 겪고 있음을 간과한 것입니다. 그러나 하나님은 그들의 요청을 받아들이기로 작정하시고 사울을 초대 왕으로 세우십니다.

하나님이 기대하시는 왕은 하나님의 말씀에 순종하는 왕입니다. 그러나 사울은 사무엘이 오기를 기다리지 않고 제사를 드리고, 아말렉과의 전쟁에서의 실추를 통해 두 번이나 하나님 말씀에 불순종하여 하나님 앞에서 왕으로서의 자격을 잃어버리게 됩니다. 그래서 등장하게 된 인물이 다윗입니다.

16-31장은 사울과 다윗을 다루는데, 그 안에서 두 사람의 대조되는 모습을 보여 줍니다. 사울은 '외모'가 기준이 되고, 다윗은 '마음의 중심'이 기준이 됩니다. 사울은 골리앗의 말을 듣고 두려워하나, 다윗은 '만군의 여호와의 이름'을 의지하여 골리앗을 무찌릅니다(삼상 17장). 사울이 여호와의 영이 떠나고 악령으로 고통받을 때 다윗은 수금으로 사울을 위로하고 그 악령을 쫓아냅니다. 사울은 블레셋 전쟁을 계기로 다윗을 죽이려 하나, 다윗은 계속적으로 블레셋에게서 승리를 거둡니다. 사울은 시기심과 편집증으로 다윗을 죽이기 위해 쫓아다니고, 다윗

은 이런 상황에도 여호와를 의지하며 도망 다닙니다. 요나단, 미갈 등 사울 주위의 사람들은 점점 사울을 멀리하나, 다윗은 요나단, 미갈을 비롯하여 백성들에게 점점 사랑을 받습니다. 사울은 왕으로서의 리더십을 점점 잃어 가나, 다윗은 왕으로서 점점 준비가 됩니다. 사울은 엔돌에 있는 신접한 여인의 말을 듣지만(삼상 28장), 다윗은 선지자의 말을 듣습니다(삼상 22장).

사무엘상에서는 다윗이 왕위를 찬탈한 것이 아니라, 하나님이 왕위를 주신 점을 강조합니다. 사울은 증오심으로 계속 다윗을 죽이려 하고, 단창을 던지고, 밤중에 생포하러 미갈의 집에 사람을 보내고, 유다 광야를 뒤지고 다닙니다. 반면, 다윗은 그런 사울을 두 번이나 죽일 수 있었으나 손을 대지 않습니다(삼상 24, 26장). 사울은 결국 길보아 전쟁에서 자살함으로 다윗이 그의 죽음과 관계가 없다는 것을 증명합니다. 또한 길보아 전쟁에서 요나단을 비롯한 사울의 아들 대부분이 전사함으로, 사울의 사위인 다윗은 왕위를 얻을 자격을 확보하게 됩니다.

이렇게 사무엘상은 사울왕의 몰락으로 막을 내립니다. 사울은 영적으로 둔한 자였으며, 다윗은 하나님을 전적으로 의지한 하나님의 사람이라는 차이가 있습니다. 우리 모두 하나님의 사람이 됩시다. 다윗처럼!

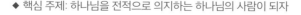

◆ 핵심 단어: 마지막 사사·제사장·선지자, 왕정 시대, 사무엘, 사울, 다윗 골리앗, 다윗 왕위의 정당성, 하나님의 사람
◆ 핵심 주제: 하나님을 전적으로 의지하는 하나님의 사람이 되자

▶ 강의 영상

# 사무엘하

현재 사무엘상·하는 두 권으로 나뉘어 있으나 원래는 한 권이었습니다. 역사적으로는 사사기 말기부터 다윗 말기까지를 다룹니다. 유대 전승에 따르면, 사무엘하는 선지자 나단과 갓이 기록했다고 보지만 확실하지 않습니다. 사무엘하에는 다윗 시대의 관습을 설명해 주는 내용이 나오는데(삼하 13:18), 이것은 이러한 관습이 익숙하지 않은 시대를 사는 사람들에게 필요한 정보입니다. 그렇기 때문에 다윗과 동시대 사람인 나단과 갓이 썼을 가능성은 낮다고 할 수 있습니다.

사무엘서를 쓴 저자는 분명 책에 나오는 "야살의 책"(삼하 1:18)과 같은 자료를 사용했을 것입니다. 또한 다윗 시대에 사관이 있었던 기록이 있고(삼하 8:16), 역대상에 사무엘, 나단, 갓이 다윗의 행적을 기록한 자료들이 있다고 나오는 것으로 보아(대상 29:29) 국가 기록 보관소나 도서관 같은 곳이 있었을 것이라 추측해 볼 수 있습니다. 어떤 익명의 저자가 다윗 시대 한참 후에 이런 기록들을 사용하여 썼을 가능성이 높습니다.

사무엘하는 전체가 다윗에 대한 스토리입니다. 다윗의 왕으로의 등극, 다윗의 언약, 다윗의 쇠퇴 등 크게 세 부분으로 나누어집니다.

가장 먼저, 1-6장은 다윗이 왕으로 등극하는 과정을 다룹니다. 사무엘상은 길보아 전쟁에서 블레셋과 싸우다가 사울과 요나단을 비롯한 사울의 아들들이 전사하는 것으로 마지막을 마칩니다. 사무엘하는 사울과 요나단의 죽음에 대한 다윗의 애가로 시작함으로써 다윗이 사울의 죽음에 관계하지 않았음을 보여 줍니다. 사울을 죽였다고 말한 아말렉인은 여호와의 기름 부음 받은 자를 죽였다는 죄목으로 처형했으며(삼하 1장), 사울의 남은 아들 이스보셋을 죽인 자도 처형했으며(삼하 4장), 사울의 군대장관 아브넬을 암살한 요압에게는 책임을 물어 후에 죽게 했고(삼하 3:28-39; 왕상 2:28-34), 요나단의 아들 므비보셋에게 잘 대해 줌으로써 다윗이 왕위 찬탈자가 아님을 보여 줍니다. 그리고 다윗을 왕위에 앉히신 분은 하나님이심을 강조합니다.

헤브론을 기지로 사울가와 전쟁을 마친 후 다윗은 이스라엘 전체의 왕으로 30세의 나이에 옹립되어 주전 1010년에서 970년까지 40년간 통치합니다. 이때 수도를 헤브론에서 예루살렘으로 옮기며, 여호와의 언약궤를 예루살렘으로 가져옵니다.

7장은 다윗의 언약을 다룹니다. 다윗은 하나님의 언약궤를

안치할 성전을 짓고 싶어 합니다. 그러나 하나님은 그보다 다윗의 집을 세우겠다고 약속하십니다. 그러면서 다윗과 언약을 세우시는데, 이것이 신학적으로 사무엘서의 하이라이트라고 볼 수 있습니다. '다윗 언약'은 앞으로 전개될 구약 전체의 중요한 뼈대를 형성합니다. 다윗 언약은 하나님의 비조건적 언약으로서, 하나님은 다윗의 후손을 통해 이어지는 영원한 다윗의 왕조와 나라를 약속하십니다. 다윗의 후손은 누구일까요? 솔로몬일까요? 아니면 그보다 더 먼 미래에 오실, 다윗의 혈통에서 날 메시아 왕이신 예수 그리스도이실까요? 이처럼 사무엘서는 우리 모두가 '다윗의 후손'이 누구일지 궁금해하며 구약성경을 읽어 나가기를 바라는 것입니다.

8-24장은 다윗의 쇠퇴를 다룹니다. 다윗이 자신의 충신인 우리아의 아내와 간음하여 임신을 시키고, 우리아를 전쟁터에서 죽게 한 살인교사죄를 저지른 이후부터 그는 쇠퇴하기 시작합니다(삼하 11장). 이때부터 다윗 집안의 재화가 끊이지 않습니다. 간음한 여인의 아이가 죽고, 다윗의 아들 암논은 이복누이를 강간하고, 그 누이의 오빠 압살롬은 암논을 보복 살해하고, 또한 압살롬은 다윗에게 모반하여 왕국을 뺏고 백주에 다윗의 후궁들과 동침하며 본인도 죽임을 당하는 비극이 연달아 일어납니다. 사무엘하 마지막에 다윗은 인구 조사를 하여 여호와 앞에 자기 과시의 범죄를 저지름으로써 다시 한 번 하나님의 진노를 자처하게 됩니다.

다윗은 자신이 저지른 이 모든 죄를 철저히 회개합니다. 시편 32편과 51편은 그의 이러한 모습을 적나라하게 보여 줍니다. 하나님은 회개하는 다윗에게 재화 가운데서도 밧세바에게 아들 솔로몬을 주셔서 다윗의 왕조를 이어 가게 하셨습니다. 또한 인구 조사 후에는 아라우나의 타작 마당을 구매함으로 후에 성전 건축 자리를 예비하게 하십니다.

다윗은 그의 죄에도 불구하고 하나님을 진정으로 사랑하고 경외하며 하나님의 마음에 합당한 자였으며, 진정한 회개가 무엇인지를 잘 보여 주는 신앙의 귀한 선배입니다. 그의 일생 동안 "여호와를 신뢰하는 자에게는 인자하심이 두르리로다"(시 32:10)라는 고백을 실제로 보여 준 인물이기도 합니다. 그렇기에 여호와께서는 다윗의 후손을 통해 영원한 왕국을 세우겠다는 언약을 맺으신 것입니다.

사무엘하를 묵상하며 다윗과 하나님의 관계를 배우고, 다윗처럼 회개하고, 다윗만큼 하나님의 사랑을 받게 되시기를 축원합니다.

---

◆ 핵심 단어: 왕, 사울의 죽음, 헤브론, 40년간 통치, 언약궤, 성전, 다윗 언약, 다윗 집안의 재화, 회개
◆ 핵심 주제: 다윗처럼 회개하고, 다윗만큼 하나님의 사랑을 받자

▶ 강의 영상

# 열왕기상·하

열왕기는 '왕들을 열거한 기록'이라는 뜻으로, 이스라엘과 유다의 모든 왕의 통치를 기록한 데서 붙여진 제목입니다. 원래는 한 권의 책인데 헬라어로 번역을 하면서 분량이 많아 둘로 나누는 전통에 따라 열왕기상·하로 구분하게 된 것입니다. 유대 전승에 따르면, 예레미야가 저자로 알려져 있지만, 그 주장을 뒷받침할 만한 증거가 불충분합니다. 더군다나 예레미야는 그의 마지막을 이집트에서 보냈습니다(렘 43:1-8). 따라서 저자 미상으로 보는 것이 더 정확합니다.

열왕기는 다윗왕 통치 말엽인 주전 10세기 초부터 여호야긴왕이 바벨론 감옥에서 풀려나는 주전 560년인 6세기 중반까지, 4세기에 걸쳐 이스라엘의 통일 왕국과 분열 왕국의 과정과 분열된 두 국가의 왕들의 이야기를 신학적 관점에서 조명한 역사서입니다. 저자는 이 방대한 왕정 역사를 솔로몬의 행장

(왕상 11:41 개역한글, 참고 개역개정 '실록'), 이스라엘 왕 역대지략(왕상 14:29, 15:31; 왕하 1:18, 10:34, 13:8, 12), 유다 왕 역대지략(왕상 14:29, 15:7; 왕하 8:23, 12:19, 14:18, 24:5) 등과 같은 다양한 자료들을 참고하여 기록했습니다.

열왕기는 다음 3가지 질문들에 답하고자 쓰였습니다. "왜 이스라엘은 북이스라엘과 남유다로 분열되었는가? 북이스라엘은 왜 멸망하게 되었는가? 남유다는 왜 멸망하게 되었는가?" 이 질문들에 대한 답을 할 때는 오경에 나오는 언약과 율법에 얼마나 신실했는지가 기준이 됩니다. 여호와 한 분께만 충성했는지, 이방 신을 섬기지 않았는지, 율법의 말씀을 잘 지켰는지, 하나님이 정해 주신 곳에서만 예배를 드렸는지, 성전에 우상을 들여놓지는 않았는지, 산당을 폐지했는지, 하나님이 보내신 선지자들의 말을 청종했는지 등이 기준입니다. 순종했을 때는 복을 받지만, 불순종했을 때는 저주를 받는 것이 언약의 조건입니다.

열왕기는 오경, 특히 그중에서도 '신명기 법'이라는 렌즈를 통해 평가하여 두 국가가 멸망하게 된 이유를 밝힘으로써 역사에서 교훈을 얻게 하기 위해 쓰인 것입니다. 수백 년간 축적된 그들의 죄를 지적함으로써 북이스라엘과 남유다의 멸망은 자신들이 저지른 죄의 결과이며 하나님의 정의로운 심판이었음을 가르쳐 줍니다. 궁극적으로 이것을 통해 이미 포로 생활을 하고 있을 이스라엘 백성에게 회개를 촉구하여 하나님과의 관계를 회복시키기 위한 목적으로 기록되었습니다. 쉽게 말하면, 부모가 자녀를 야단치고 벌을 주었는데 왜 벌을 받아야 하는지 그 이유를 가르쳐 준 것과 같습니다. 따라서 열왕기는 왕들에 대해서도 부정적인 면을 부각시킵니다. 얼마나 잘못이 많기에 포로 생활까지 하게 되었는지를 알려 주기 위함입니다.

열왕기는 통일 왕국 솔로몬의 등극과 통치, 분열 왕국과 북이스라엘의 멸망, 남유다의 멸망 등 크게 세 부분으로 나누어집니다. 열왕기상 1-11장은 솔로몬의 왕위 계승과 통치를 다룹니다. 그의 가장 큰 업적은 성전 건축입니다. 솔로몬의 초기 모습은 아주 이상적인 왕으로 그려집니다. 그러나 이방 아내들이 수입한 다신들을 수용하고 배교하면서 무너지기 시작합니다. 이것이 분열 왕국의 계기가 됩니다. 급기야 솔로몬의 아들 대에 와서 주전 931년에 르호보암을 중심으로 2지파를 가진 남유다와 여로보암을 중심으로 10지파를 가진 북이스라엘로 나라가 분열하게 됩니다. 표면적으로는 솔로몬의 폭정, 과도한 세금에 대한 반감, 솔로몬의 아들 르호보암의 무능함이 원인이었지만, 실제로는 솔로몬의 죄로 인한 영적 심판이 주원인이었습니다.

열왕기상 12장부터 열왕기하 17장까지는 분열 왕국과 북이스라엘의 멸망을 다룹니다. 두 왕국 이야기가 시작되면서, 동시대 왕들의 통치를 번갈아 가며 기술합니다. 남유다에서는 19명의 왕들과 1명의 여왕까지 도합 20명의 통치자가 나옵니다. 북이스라엘에서는 모두 19명의 왕들의 이야기가 나옵니다. 그러나 북이스라엘도 오므리왕의 정적 디브니를 포함시키면

도합 20명이 됩니다. 남북에서 각 20명의 통치자들이 다스리는 왕들의 이야기가 열왕기입니다. 이때부터 선지자들의 활동이 두드러지며 그들과 왕들에게 초점이 맞추어집니다.

불행하게도 북이스라엘에는 단 한 명의 의로운 왕도 존재하지 않습니다. 급기야 주전 722년에 앗수르에 의해 멸망하고 맙니다. 살아남은 남유다는 136년 뒤인 주전 586년에 바벨론에 의해 멸망당하고, 백성들은 포로로 끌려가는 비극을 맞이하게 됩니다. 남유다는 기회가 있었음에도 불구하고 북이스라엘의 멸망을 보면서 전혀 교훈을 얻지 못했습니다. 하나님은 이러한 열왕들의 시기에 엘리야, 엘리사를 비롯하여 이사야, 호세아, 아모스, 미가, 하박국, 스바냐, 예레미야 등의 선지자들을 보내 회개를 촉구하셨으나 대부분 이들의 말을 듣지 않습니다.

그래도 열왕기 마지막 부분에 나오는 유다의 왕 여호야긴의 석방은 잿더미 속에 남은 불씨처럼 유다 왕조가 살아 있다는 것을 의미하며, 이것은 다윗 자손에서 오실 메시아의 희망이 남아 있다는 증거가 됩니다. 심판 속에서도 하나님은 그분의 백성을 완전히 저버리지 않으십니다. 그러한 하나님을 묵상하면서 열왕기의 '역사 속으로' 들어가 보시기를 바랍니다.

◆ 핵심 단어: 왕정 역사, 언약의 조건 순종, 솔로몬, 통일 왕국, 분열 왕국, 남유다의 멸망, 신명기 법, 각 20명의 통치자들, 선지자들, 심판, 희망

▶ 강의 영상

◆ 핵심 주제: 심판 속에서도 하나님은 그분의 백성을 완전히 저버리지 않으신다

# 역대상·하

역대기는 사무엘서나 열왕기와 마찬가지로 원래 한 권의 책이었는데 후대에 둘로 나뉘었습니다. 헬라어 번역 성경에서 역대기의 제목은 사무엘서와 열왕기에서 생략된 사건을 보완해 준다는 의미에서 '생략된 사건들'로 붙여졌습니다. 한편, 히브리어 제목은 '날마다의 행적들'로, '연대기'라는 의미를 담고 있습니다. 우리말 성경도 그러한 의도를 반영하여 '대대로 이어 내려온 기록'이라는 의미에서 '역대기'라는 제목을 붙였습니다.

유대 전통에 따르면, 역대기의 저자는 학사 에스라로 알려져 있으나 충분한 증거는 없습니다. 책이 제사장적 요소를 중요시하기 때문에 제사장이나 레위인 가운데 한 명이 썼을 것으로 추측하며, 그를 '역대기 사가'라 부릅니다. 이 역대기 사가는 오경, 사무엘서와 열왕기 등의 역사서, 예언서, 시편의 자료들을 참고로 했습니다. 그 외에도 아히야의 예언, 선견자 잇도의 묵시, 스마야와 잇도의 족보 책, 사무엘, 나단, 갓의 글, 이스라엘과 유다 열왕기, 열왕기 주석, 솔로몬의 글, 다윗왕의 역대지략, 족보 기록, 서신과 공식 문서, 군대 인명록, 연설문, 노래, 기도문 등 현재는 존재하지 않는 다양한 자료들을 사용하여 역대기의 독특한 신학과 목적을 가지고 기록했습니다.

역대기는 아담의 족보부터 시작해서 페르시아의 고레스 칙령이 선포된 주전 538년 시기까지를 다룹니다. 역대상 29장 7절에 나오는 '다릭'이라는 화폐 단위가 주전 515년 이전에는 만들어지지 않았기 때문에[2] 화폐 유통 기간까지 생각한다면 많은 학자는 역대기의 저작 시기를 주전 4세기로 봅니다. 구약에서 가장 늦게 쓰인 책에 속하며 히브리 정경의 요약이자 결론이라 할 수 있습니다.

그렇다면 역대기를 읽는 자들은 이미 포로 생활 이후의 디아스포라 세대이거나 재건 시대의 세대일 것입니다. 이들의 질문은 더 이상 "왜 하나님이 우리를 포로로 보내셨느냐?"가 아닙니다. 이것은 오히려 열왕기의 관심사입니다. 이들은 포로 생활로부터 오래 지났기 때문에 자신들의 정체성을 찾아야 했으며, 자신들이 누구인지에 대한 뿌리와 이제 자신들은 무엇을 하며 어떤 희망과 목표를 가지고 살아야 하는지에 대한 질문을 가지고 있었습니다. 역대기는 바로 이런 질문들에 대한 답을 주기 위해 쓰였습니다.

우리에게는 너무나 지루하게 느껴지는 역대상 1-9장의 족보는 이들에게는 너무나 중요한, 자신들이 '누구'인지에 대한 답입니다. 그리고 역대상 10장부터 역대하 36장까지의 역사는 자신들이 '무엇'을 하며 살아가야 하는지에 대한 답입니다.

역대기는 3가지 요소를 강조합니다. 바로 다윗과 다윗 왕조, 제사장, 성전입니다. 다윗과 다윗 왕조가 중요한 이유는 다윗 왕조를 영원히 세우겠다고 약속하신 '다윗 언약' 때문입니다. 나라도 없는 상태였던 이스라엘 백성에게 이러한 언약의 약속은 유일한 희망이었을 것입니다. 언젠가는 다윗의 후손이신, 다윗보다 더 위대한 왕이 오셔서 세우실 영원한 나라를 염원했을 것입니다. 그렇기 때문에 역대기는 다윗의 후손들인 유다 왕조에만 초점을 맞춥니다. 다윗 왕조의 족보는 그들의 조상 아브라함을 넘어 아담까지 거슬러 올라갑니다. 이것을 통해 역대기는 오실 다윗의 후손이신 메시아는 이스라엘에만 국한된 분이 아니라 모든 인류를 위한 분이심을 강조하고 있습니다.

포로 시대 이후 유대 공동체는 하나님과의 관계를 다시 회복하는 방향으로 나아가야 하며, 그러기 위해서는 성전 중심의 예배 공동체, 즉 영적 공동체를 다시 형성해야 했습니다. 이를 위해 중요한 역할을 할 자들이 레위 제사장이기에, 역대기에서는 제사장들의 역할과 족보에 초점을 맞춥니다.

역대기에서 성전은 또 다른 중심 주제입니다. 포로기 이후 세대는 성전을 세울 재건 세대이기 때문입니다. 역대기 마지막 장은 페르시아 왕인 고레스가 "유다 백성은 예루살렘에 올라가서 성전을 건축하라"라는 칙령을 내리는 것으로 극적으로 마칩니다(대하 36:23). 성전은 이스라엘 백성에게 특별한 것입니다. 하나님이 자기 백성을 잊지 않으셨다는 증거이며, 하나님이 함께하신다는 증거이기도 합니다. 아무리 초라한 성전이라도 하나님은 그곳을 그분의 영광으로 채우실 것입니다. 이것은 국가의 회복과 직결되어 있습니다. 성전에 대한 관심은 그들의 역사에서 가장 화려했던 시대이자 성전을 세우는 데 지대한 공을 세웠던 다윗과 솔로몬에게로 이어집니다. 다윗은 성전 건축을 위해 준비하는 자였으며, 솔로몬은 실제 성전을 건축한 주인공입니다.

역대기의 핵심 구절은 역대하 7장 14절입니다. "내 이름으로 일컫는 내 백성이 그들의 악한 길에서 떠나 스스로 낮추고 기도하여 내 얼굴을 찾으면 내가 하늘에서 듣고 그들의 죄를 사하고 그들의 땅을 고칠지라." 이것은 성전 건축을 완료한 후 하나님이 솔로몬에게 약속해 주신 말씀입니다. 동시에 포로기 이후의 이스라엘 백성에게 들려주고 싶은 하나님의 메시지이며, 현대를 살아가는 우리에게 하나님이 주시는 위로의 약속이기도 합니다. 하나님은 믿는 자들이 회개하면 죄를 사하여 주시고 그 땅을 고쳐 주실 것입니다. 역대기를 묵상하실 때 개인, 가정, 국가의 회복이 일어나기를 기대합니다.

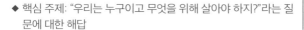

◆ 핵심 단어: 역대기 사가, 족보, 민족의 정체성, 다윗과 다윗 왕조, 다윗 언약, 제사장, 성전

◆ 핵심 주제: "우리는 누구이고 무엇을 위해 살아야 하지?"라는 질문에 대한 해답

▶ 강의 영상

# 15

# 에스라

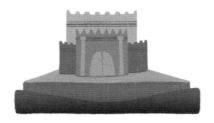

에스라서, 느헤미야서, 에스더서는 주전 5-4세기 페르시아가
이스라엘을 지배하던 시대의 사건들을 다루고 있습니다. 또한
이스라엘 포로기 이후 생존자들과 후손들이 어떻게 신앙 공동
체를 이루었으며, 각자 처한 곳에서 어떤 모습으로 살아갔는지
를 잘 보여 줍니다. 그들의 마음속에는 '과연 여호와 하나님이
우리를 기억하고 계신지, 과거 언약의 약속들이 과거에만 묻혀
있는 것인지, 아니면 현재에도 유효한 것인지, 어떤 희망을 가
지고 살아가야 하는지, 앞으로의 운명은 어떻게 되는 것인지'
등에 대한 많은 질문이 있었습니다. 이 3권의 책들은 이러한
질문들에 대한 답을 제공해 줍니다.

역대기는 주전 538년 고레스왕이 "유다 예루살렘에 성전을
건축하라 … 너희 중에 그의 백성 된 자는 다 올라갈지어다"(대
하 36:23)라고 한 말로 마칩니다. 그리고 역대기의 끝부분이 에

스라서의 도입부가 됩니다. 에스라서는 고레스왕이 칙령을 발표하는 장면으로 시작합니다.

페르시아 왕을 통해 이스라엘 백성을 약속의 땅으로 귀환시키고 성전을 복구하게 하는 이 고레스 칙령은 신학적으로 아주 중요한 의미를 지닙니다. 이것은 오래전 하나님이 예레미야를 통해서 말씀하신, 70년의 포로 생활 마감에 대한 예언의 성취입니다(렘 29:10-14, 25:11-13, 30:18-21). 또한 150여 년 전 이사야 선지자를 통해 말씀하신 예언의 성취이기도 합니다(사 44:28, 45:1-5). 하나님이 선택하신 자기 백성을 잊지 않으셨다는 증거이기도 합니다. 여전히 여호와께서는 자기 백성을 향한 관심이 있으시며 그들을 돌보고 계심을 의미합니다.

예루살렘으로의 귀환은 제2의 출애굽을 의미하며, 성전 건축에 대한 허락은 과거와 같이 여호와 하나님을 예배하는 영적 공동체의 새로운 출발을 의미하는 것입니다. 비록 솔로몬 시대처럼 화려한 성전은 아니나, 여호와께서는 여전히 그들과 함께하실 것입니다. 또한 하나님이 고레스 칙령을 통해 오래전 계획하신 하나님의 뜻을 이루신 것은 그분이 단순히 이스라엘에 국한된 분이 아니시며 세상의 주관자들을 주관하시는 분이자 역사의 주권자이심을 보여 줍니다.

에스라서의 제목은 책의 주인공의 이름을 딴 것입니다. 에스라는 대제사장 아론의 후손이며 학사로 율법에 능통한 자입니다. 유대 전통은 에스라를 저자로 지목하지만, 확실하지는 않습니다. 그가 활동한 시기는 페르시아 왕 아닥사스다 1세 때입니다(주전 464-423년). 에스라서는 성전 재건의 역사적 사건을 다루는 1-6장, 에스라의 개혁을 다루는 7-10장으로 크게 둘로 나뉩니다.

다윗의 후손인 스룹바벨을 리더로 귀환한 자들이 성전의 기초를 놓습니다. 그러나 주변 민족들의 방해로 작업이 중단됩니다. 그리고 18년이 지난 후 선지자 학개와 스가랴의 활동으로 성전 건축이 재개되며 주전 515년에 완공됩니다. 586년 바벨론의 느부갓네살왕에 의해 솔로몬의 성전이 파괴된 때로부터 정확히 70년이 지난 후에 성전이 다시 완공된 것입니다. 많은 학자는 이것을 70년 포로 생활의 상징적 마감으로 봅니다. 이 성전은 스룹바벨의 지휘 아래 완공되었다고 해서 '스룹바벨 성전'이라 부르기도 하고, '제2성전'이라 하기도 합니다.

에스라의 개혁을 다루는 후반부는 에스라에 대해 잠깐 소개하는 부분만 빼고는 모두 1인칭으로 기록되어 있습니다. 즉 에스라가 직접 쓴 회고록입니다. 에스라가 백성들을 이끌고 귀환한 때는 주전 458년으로, 스룹바벨 성전이 완성된 지 57년 후입니다. 그는 학사이자 종교 지도자로서 율법을 가르치는 사명을 담당합니다. 하나님의 말씀인 토라가 여전히 이스라엘 백성의 종교적, 사회적 지침임을 보여 줍니다. 그들은 말씀에 따라 이방 민족들과의 통혼의 심각성을 깨닫습니다. 그들은 포로기 이전의 이스라엘 백성이 지었던 죄들을 반복했습니다. 이방 여인들과의 통혼은 우상 숭배와 배교로 달리는 지름길입니다. 백성들은 에스라의 지도에 따라 죄를 고백하고 그들과의 결혼 문제를 해결합니다. 그리고 이 문제에 연루되었던 자들의 명단을 제시함으로 에스라서는 끝이 납니다.

이것은 포로기 이후 귀환한 백성들의 문제가 다시 심각해지고 있음을 잘 보여 주는 좋은 예입니다. 이제는 정신 차리고 하나님의 말씀에만 순종하며 살아야 하는데, 그것이 잘 안되고 있는 모습을 보여 줍니다. 그러나 하나님은 학사 에스라를 통해 또 한 번의 기회를 주십니다. 에스라서는 '하나님이 언제까지 이런 일을 반복하셔야 하는지'에 대해 우리에게 질문을 던지고 있습니다. 우리도 동일한 죄를 반복하며 살고 있지는 않은지, 삶에 과감한 개혁이 필요한 것은 아닌지 점검해 봐야겠습니다.

◆ 핵심 단어: 고레스 칙령, 예언의 성취, 예루살렘으로의 귀환, 제2의 출애굽, 스룹바벨 성전, 성전 재건, 에스라의 개혁

◆ 핵심 주제: 우리 삶에 반복되는 죄에 대하여 과감한 개혁이 필요하다

▶ 강의 영상

# 16

# 느헤미야

주전 5-4세기 페르시아 시대를 배경으로 하는 에스라서, 느헤미야서, 에스더서는 연대로 봤을 때 구약에서 거의 마지막인 사건들을 다룹니다. 이 3권의 책들은 이스라엘 포로기 이후 생존자와 후손들이 어떻게 신앙 공동체를 이루고, 각자 처한 곳에서 어떤 모습으로 살아갔는지를 잘 보여 줍니다. 에스라서와 느헤미야서가 본래 한 권이었다고 보는 견해가 주류이나, 그렇지 않다고 보는 의견도 있습니다. 그러나 느헤미야서가 시대와 사건적으로 에스라서와 연결되어 있는 것은 사실입니다. 두 사람은 동시대 사람으로, 에스라가 종교 지도자라면 느헤미야는 평신도 지도자입니다. 그들은 포로기 이후 예루살렘으로 귀환한 공동체에 개혁을 실행한 파트너라고 할 수 있습니다.

느헤미야는 페르시아의 아닥사스다왕 제20년인 주전 445년에 성벽이 무너졌다는 소식을 듣고 보수를 위해 예루살렘 총독으로 자원합니다. 페르시아 왕의 술 관원이라는 고위직을 마다하고 고국의 어려움을 돕기 위해, 흔히 말하는 한직으로 자원을 한 셈입니다. 느헤미야라는 이름은 '여호와께서 위로하신다'라는 의미를 가지고 있습니다. 그는 성벽을 보수함으로써 이름의 의미대로 유다 백성에게 큰 위로를 주는 인물이 됩니다.

느헤미야서에는 그가 직접 쓴 1인칭으로 된 회고록이 포함되어 있습니다(느 1-7, 11-13장). 에스라서, 느헤미야서의 저자가 누구인지에 대해서는 너무나 의견이 분분하여 결론짓기 힘들지만, 적어도 회고록 부분은 본인들이 기록한 것이 확실합니다.

느헤미야서는 성벽 재건을 다루는 1-7장과 영적 개혁을 다루는 8-13장 두 부분으로 나뉩니다. 성벽 재건 부분은 전체가 느헤미야가 1인칭으로 쓴 회고록으로 되어 있습니다. 성벽이 완성되는 52일 동안의 외적, 내적 방해 요소와 박해에 대해 다루며, 그 모든 것을 돌파해 나간 느헤미야의 리더십이 돋보입니다. 산발랏, 도비야, 게셈으로 대표되는 외부 반대 세력들은 모반, 위협, 조롱, 협박, 심리적 및 정신적 압박, 뇌물 거래, 음모, 술수, 사기 저하, 유혹, 비난, 거짓 소문, 속임수 등 온갖 책략을 동원하여 성벽 보수를 방해하는 공작을 폅니다. 느헤미야의 대표 정책은 "우리가 우리 하나님께 기도하며 그들로 말미암아 파수꾼을 두어 주야로 방비하는데"라는 4장 9절 말씀에 잘 드러납니다. 느헤미야는 기도와 현실적 대안으로 그들에게 맞섭니다. 하나님께 100% 의존하는 믿음과 인간의 책임감

100% 최선이 만난, 현실에 뿌리박은 그의 믿음은 21세기를 살아가는 우리에게 좋은 믿음의 본이 됩니다.

8-13장은 제사장 에스라와 함께 느헤미야의 개혁을 다룹니다. 개혁은 하나님의 말씀인 율법 책을 낭독하고 가르침으로 시작됩니다(느 8:8). 백성들은 언약을 갱신하고 율법의 말씀에 따라 이방 여인들과 통혼을 하지 않고, 안식일과 안식년을 지키기로 하고, 성전세를 내고, 제단에 사용할 나무를 바치고, 성전에서 일하는 제사장과 레위인들을 후원하기로 다짐하고 헌신합니다.

느헤미야는 총독 생활 12년을 마치고 바벨론으로 돌아갔다가 두 번째 임기를 수행하기 위해 주전 433년에 다시 예루살렘에 돌아옵니다. 그는 백성들이 다짐한 언약들이 제대로 지켜지지 않고, 안식일을 어기고, 성전을 더럽히고, 레위인들을 돌보지 않고, 통혼하는 모습을 발견하고 재개혁을 단행합니다. 통혼을 파기하여 민족의 단일성을 보존하고, 제사장들과 레위인들의 반열을 다시 세우고, 예배를 회복하고, 안식일을 성수하는 등 개혁하는 모습으로 느헤미야서는 끝이 나게 됩니다.

느헤미야는 언약 갱신의 중요성, 말씀의 중요성, 기도의 중요성, 리더십의 중요성, 예배 회복의 중요성 등 많은 영적 원리를 가르쳐 줍니다. 또한 느헤미야의 개인적인 리더십을 통해서도 배울 점들을 많이 발견할 수 있습니다. 그러나 느헤미야서의 마지막 장은 귀환한 이스라엘 공동체의 초라한 모습과 그들의 거듭되는 영적 실패를 보여 줍니다. 느헤미야 개인은 하나님께 신실하지만, 포로기 이후 귀환한 공동체는 하나님 앞에 그렇게 신실하지 않습니다.

그러므로 느헤미야서는 언젠가 백성들이 하나님 앞에 온전히 돌아오고 순종할 날을 고대하게 만듦으로 마치게 됩니다. 메시아가 오셔야 그러한 온전한 회복이 이루어질 것입니다. 이런 의미에서 느헤미야는 메시아의 그림자이며, 느헤미야서는 율법의 모든 요구를 완성하실 메시아를 고대하게 만드는 책이기도 합니다. 느헤미야서를 묵상하며 각자의 삶에 적용할 점들을 찾아보시기 바랍니다.

### 에스라와 느헤미야의 파트너십

- 에스라: 대제사장 아론의 후손, 제사장, 종교 지도자, 율법에 능통한 학사, 성벽 재건 후 영적 개혁 주도
- 느헤미야: 페르시아 왕의 술 관원, 예루살렘 총독, 리더십 있는 평신도 지도자, 성벽 재건 후 개혁 및 재개혁 단행

◆ 핵심 단어: 술 관원, 성벽 재건, 영적 개혁, 방해 요소, 거듭되는 영적 실패, 언약 갱신, 말씀, 기도, 리더십, 예배 회복

◆ 핵심 주제: 하나님을 100% 신뢰, 인간의 100% 최선이 만난 느헤미야의 믿음을 본받자

▶ 강의 영상

# 17

# 에스더

구약 중에서 비교적 우리에게 잘 알려진 에스더서는 여주인공의 이름을 따서 제목을 붙였습니다. '에스더'는 바벨론의 여신인 '이쉬타르'(Ishtar)에서 이름이 연유되었다고 보는 이들이 많은데, 그 이유는 이쉬타르가 사랑과 전쟁의 여신으로 책에서의 에스더의 역할과 비슷하기 때문입니다. 왕에게 사랑을 받아 왕후로 발탁되고(에 2:17), 유대인을 보호하기 위한 전쟁에서는 수산 도성의 전쟁을 하루 더 연장하여 300명을 추가로 도륙할 정도로 전쟁의 여인으로 변모합니다(에 9:13-15). 그렇기에 에스더가 실제 이름이라기보다는 그녀의 별명이라고 보기도 합니다. 에스더의 히브리어 이름은 '하닷사'(에 2:7)이며, '도금양나무'라는 뜻을 가지고 있습니다.

에스더서는 저자를 밝히고 있지 않습니다. 유대인 역사가 요세푸스(Josephus)는 모르드개가 저자라고 생각했으며,[3] 에스라나 느헤미야가 저자일 가능성도 제시되어 왔습니다. 확실한 것은 저자가 페르시아의 관습이나 당시 궁전의 사정, 수산궁의 지리에 매우 익숙한 인물이라는 것입니다. 또한 페르시아 궁중 기록을 입수할 수 있었던 유대인인 것으로 간주됩니다.

에스더서의 배경이 되는 시기는 페르시아의 다리오 1세의 뒤를 이은 아하수에로왕의 치리 기간입니다(주전 486-465년). 그의 그리스식 이름은 크세르크세스입니다. 이 제국이 가장 팽창한 시기에는 동쪽으로는 아프가니스탄, 파키스탄의 일부, 이라크, 소아시아 전체 지역, 서쪽으로는 현재의 팔레스타인 전역과 아라비아반도 이집트와 리비아에 이르기까지 광대한 지역을 지배했습니다.

아하수에로왕이 치리하던 때에는 세계도 많은 변화를 겪고 있었습니다. 중국에는 공자가 있었고, 아테네에서는 민주 정치의 기초를 마련한 정치가 페리클레스(Perikles), 시인이자 극작가인 소포클레스(Sophocles), 철학자 소크라테스(Socrates), 수학자인 피타고라스(Pythagoras)의 이름이 알려져 있었으며, 고대 올림픽이 시작된 지도 이미 200년 이상 흐른 시기였습니다.[4]

서양의 정치, 철학, 수학, 운동, 예술, 문학의 유산이 아테네를 중심으로 꽃을 피우는 동안, 그 당시 동양의 거대한 제국이었던 페르시아 왕국의 아하수에로는 주전 480년 대군을 이끌고 그리스 원정을 나서게 됩니다. 그러나 이때 살라미스 해전에서 대패합니다. 그 후 아하수에로왕은 플라타이아 전쟁에서의 패배를 끝으로 원정에서 돌아와 궁에서 향락으로 세월을 보내다가 주전 465년 후궁들 사이의 음모로 인해 암살을 당하게 됩니다. 에스더 1장은 아하수에로왕이 그리스 원정을 떠나기 전의 준비 과정과 일치하며, 에스더를 왕후로 뽑은 시기는 그가 그리스 원정에서 패배하고 돌아온 시기와 일치합니다. 많은 여인을 전국에서 모으는 장면도 아하수에로가 하렘에서 세월을 보냈다는 역사적 정황과 일치합니다.

이렇게 세상이 변화를 겪고 발전하고 있을 때 페르시아라는 거대한 제국에서 다양한 인종 속에 섞여 살고 있던 디아스포라 유대인들은 누구도 기억하지 않는, 이름 없고 미미한 족속에 불과했습니다. 에스라서와 느헤미야서가 본국으로 귀환한 유대인들을 다루고 있다면, 에스더서는 귀환하지 않기로 선택한 유대인들의 이야기를 기록하고 있습니다. 에스더서는 '과연 하나님은 이러한 정국에서도 이들에게 관심을 가지고 계신지'에 대한 질문을 던지고 있습니다. 에스더서에는 하나님의 이름이 전혀 언급되지 않는데, 저자가 독자로 하여금 과연 에스더의 하나님이 존재하시는지에 대한 해답을 스토리를 통해 발견하도록 유도하고 있는 것입니다.

에스더서의 중요 주제와 목적 중 하나는 부림절의 기원과 제정에 대한 역사적 배경을 알려 주는 것입니다. 에스더서는 오경에 기록되지 않은 유일한 절기를 지키는 데 대한 신학적인 권위를 부여해 주고 있습니다. 유대인들은 에스더서에 나오는 유대인 말살을 계획했던 하만을 잘 기억하고 있습니다. 매년 부림절을 기념하며 에스더서를 읽을 때마다 '하만'의 이름이 나오면 야유를 보냅니다. 그들은 뼈아픈 역사를 통하여 에스더서의 하만뿐 아니라 유대인들을 괴롭힌 많은 하만을 기억합니다. 그중에서도 으뜸은 아돌프 히틀러(Adolf Hitler)라는 하만입니다.

세계에 흩어져 사는 디아스포라 유대인들은 언제 어디에서 또 다른 하만이 나타날지 모른다는 것을 생생히 기억하며, 오늘도 '유다인은 놓임과 구원을 얻을 것'이라는 에스더서의 구원의 역사에 희망을 걸며 부림절을 지킵니다. 에스더서는 우리도 위기에 직면했을 때 믿음을 잃지 말고 하나님의 섭리와 주권을 신뢰하도록 초대하고 있습니다. 이것이 에스더서를 읽는 매력 중의 하나라고 할 수 있습니다.

◆ 핵심 단어: 디아스포라 유대인들, 하나님의 이름, 부림절의 기원과 제정, 유대인 말살, 하만, 구원의 역사, 희망

◆ 핵심 주제: 위기에 직면했을 때 믿음을 잃지 말고 하나님의 섭리와 주권을 신뢰하라

▶ 강의 영상

# 18

# 욥기

욥기를 누가 썼는지에 대해서는 본문에 뚜렷한 단서가 없기 때문에 알기 힘듭니다. 욥이 썼다는 이론부터 엘리후, 모세, 솔로몬, 히스기야, 이사야, 예레미야까지 다양한 인물이 저자라는 의견이 제시되었습니다. 욥기가 쓰인 저작 연대도 주전 13세기부터 2세기에 이르기까지 견해가 다양하며, 어느 것이 맞다고 결론을 내리기 힘듭니다.

제목은 에스더서처럼 주인공의 이름을 따서 지어졌습니다. '욥'은 '박해받은 자'라는 뜻을 가지고 있습니다. 욥이 살았던 시대에 대해서도 이론이 분분하나, 집안의 가장이 자녀들을 위해 제사를 드리는 제사장 역할을 하는 것과 욥이 140세를 훌쩍 넘어 오래 산 것으로 보아(욥 42:16) 아브라함 같은 족장 시대라고 보는 견해가 대세를 이룹니다. 욥의 고향인 우스의 정확한 위치는 밝혀지지 않았으나, 예레미야애가 4장의 "우스 땅에 사는 딸 에돔아"(애 4:21)라는 표현으로 보아 에돔 근처 사해 남쪽 광야 지역에 위치했던 것으로 추정합니다.

욥기는 산문, 시, 독백, 대화, 탄식, 논쟁, 송사, 찬양, 지혜적 교훈, 청원 등 사용된 문학적 형태가 다양합니다. 또한 욥기는 문학적 구성이 탄탄하며 신학적 논쟁의 깊이가 깊은 책입니다. 전체 구조는 서론, 욥의 세 친구들과의 세 번에 걸친 논쟁, 엘리후의 말과 여호와의 말씀, 그리고 결론으로 나누어져 있습니다.

서론 격인 1-2장에서는 천상의 대화를 소개해 줌으로써 독자들이 욥이 당하는 고통의 이유에 대해 알고 욥기 전체를 보는 특권을 갖게 됩니다. 그래서 독자들은 욥과 욥을 위로하러 온 친구들 사이의 대화를 간접적으로 듣고 그들의 말을 평가할 수 있는 유리한 관점을 갖게 됩니다. 그리고 마지막 38-42장에 나오는 여호와의 말씀을 통해 하나님의 관점에 대해 듣고 모든 것을 정리하며 한 단계 더 업그레이드된 하나님에 대한 이해와 신앙을 가지게 됩니다. 문학적으로 탁월하면서도 "고난"이라는 어려운 주제를 딱딱하지 않고 철학적으로 깊이 있게, 신학적으로도 정교하게 잘 조명한 책이라고 할 수 있습니다.

욥기는 많은 것을 가르쳐 주지만 그중에서 3가지 주제를 선택하여 소개하면 다음과 같습니다.

첫째, 욥기는 이스라엘의 전통적인 지혜자들의 견해가 가지고 있는 공통적인 문제점을 지적합니다. 그들은 고난을 당하는 것이 죄의 증거라는 정통 교리를 가지고 변론함으로 욥의 고난에 대해 잘못된 견해를 보여 줍니다. 동시에 인간이 겪는 고통의 신비를 통찰하는 인간 지혜의 한계를 드러냅니다. 자신들이 만들어 놓은 교리적 틀에 입각해 하나님을 그 교리에 자동적이고 반사적으로 반응하시는 분으로 말함으로써 하나님에 대한 왜곡된 지식을 전하는 것을 고발하며 인간 지혜의 왜소함을 드러냅니다.

둘째, 욥기는 고난에 대한 통찰을 보여 줍니다. 욥도 처음에는 고난에 대해 당시의 정통 교리 사상을 가지고 있었으나 친구들의 변론에 동의하지 않고 자신의 무죄를 주장하면서 공정한 재판을 받기 원합니다. 욥은 하나님을 피고인 자리에 앉히고 자신의 의로움으로 하나님의 공의 여부를 따지고자 합니다. 독자들은 욥의 고통, 슬픔, 분노, 혼돈, 무죄의 주장 등 그의 모든 말과 행동에 공감하면서도, 하나님을 올바로 대변하지 못하는 욥의 한계 또한 보게 됩니다. 이런 과정에서 욥은 인간은 결코 하나님의 정의를 심판할 만큼의 모든 지식을 가지고 있지 않으며 그럴 자격이 없다는 것을 깨닫고 회개하게 됩니다.

또한 자신이 하나님을 경외하고 산 것은 창조주에 대한 당연한 도리이며 반응이지, 상급을 주장할 일이 아님을 깨닫게 됩니다. "나는 비천하오니 무엇이라 주께 대답하리이까 손으로 내 입을 가릴 뿐이로소이다"(욥 40:4). 욥기는 이러한 사실을 아는 것이 지혜의 시작임을 가르쳐 줍니다.

아울러 욥기는 고난은 많은 목적을 이룬다는 것을 가르쳐 줍니다. 고난은 성도를 단련하여 순금같이 만드는 중요한 과정입니다(욥 23:10). '고난의 신학'은 우리가 다 이해하지 못할지라도 하나님을 신뢰하도록 부르는 부름입니다. 또한 사탄은 "하나님의 혜택을 받지 않고도 하나님께 충성과 사랑을 할 수 있느냐?"라는 의문을 던지며, 모든 사람이 하나님보다는 하나님이 주시는 부산물을 탐내는 이기적인 목적으로 의를 추구하며 하나님을 섬긴다고 고발합니다. 하나님은 이러한 사탄의 견해가 잘못되었음을 알려 주기 위해 욥에게 고난을 주신 것입니다.

그러므로 고난은 악을 반박하기 위해 사용될 수 있는 도구로, 성도에게 주시는 특권이기도 합니다. 정통 교리와 다르게 의인도 고난을 받는다는 것, 외적인 축복 없이도 하나님을 경외하는 의인이 있을 수 있다는 것을 보여 준 것이 욥의 위대함입니다.

셋째, 욥기는 하나님이 어떤 분이신지를 잘 가르쳐 줍니다. 욥기는 욥이라는 인간의 이야기가 아니라, 하나님에 대한 이야기입니다. 하나님은 왜 무고한 자가 고통을 당하는지에 대해서 설명해 주지 않으십니다. 단지 창조주의 능력과 목적을 알려 주시고, 인간의 한계를 보여 주십니다. 그분의 정의를 의심하지 않고, 그분은 항상 정의로우심을 신뢰하는 것이 여호와를 경외하는 것임을 가르쳐 주십니다. 그것이 지혜의 시작입니다.

지금 혹시 경험하고 있는 고난이 있다면 욥기를 읽으며 하나님을 깊게 만나시고, 그분을 더욱 신뢰하며 힘을 얻으시는 시간이 되기를 축원합니다.

### 욥기의 구성

- 1-2장: 서론, 천상의 대화 소개
- 3-31장: 욥과 세 친구의 논쟁
- 32-37장: 엘리후의 반박
- 38-42장: 하나님의 말씀

### 욥기의 3가지 핵심 주제

- 정통 교리의 문제점 지적
- 고난에 대한 통찰
- 하나님은 어떤 분이신가?

◆ 핵심 단어: 문학적, 철학적, 신학적, 사탄, 고통, 논쟁, 정통 교리, 잘못된 견해, 고난의 신학, 하나님에 대한 이야기

◆ 핵심 주제: 고난 중에 하나님을 깊이 만나고 그분을 더욱 신뢰하라

▶ 강의 영상

# 19

# 시편

구약의 다른 책들은 인간을 향한 하나님의 말씀이지만, 시편은 하나님을 향한 인간의 목소리라고 알려져 있습니다. 그러나 시편의 중심에는 여전히 하나님이 계십니다. 그렇기에 시편 전체의 장르는 시이면서, 악보 없는 찬송가나 기도라고도 불리며, 유대교와 기독교의 예배와 찬양에 독보적인 책으로 자리 잡아 왔습니다.

'시편'은 히브리어로 '테힐림'이고, '찬송'이라는 뜻이며, 헬라어로는 '현악기의 반주에 맞추어 노래하는 것'이라는 뜻의 '프살모이', 즉 '찬미가'라고 하여 오늘날 시편의 영어 이름(Psalm)의 기원이 되었습니다. 우리말 성경은 '시 모음집'이라는 뜻으로 '시편'이라 지었습니다. 시편은 절반가량을 다윗이 지은 시가 차지하고 있어 때로 '다윗의 시편'이라고 불립니다. 그러나 시편이 다윗에 의해서만 쓰인 것은 아닙니다. 다윗의 시

73개, 모세의 시 1개(시 90편), 솔로몬의 시 2개(시 72, 127편), 고라의 자손들의 시 10개(시 42, 44-49, 84-85, 87편), 아삽의 시 12개(시 50, 73-83편), 헤만의 시 1개(시 88편), 에단의 시 1개로(시 89편), 모세의 시부터 포로 기간을 배경으로 하는 시까지 1,000년 이상 오랜 세월에 걸쳐 쓰인 시들을 다양하게 수록하고 있습니다. 50개의 시는 저자에 대한 언급이 없어 '고아 시편들'로 불리기도 합니다.

시편은 크게 5권으로 나뉘는데, 1권은 1-41편, 2권은 42-72편, 3권은 73-89편, 4권은 90-106편, 5권은 107-150편이 해당됩니다. 이것은 토라가 창세기부터 신명기까지 다섯 부분으로 되어 있는 것을 반영한 것이며, 시편도 토라와 같은 권위를 주기 위한 것입니다. 각 권의 마지막 시편은 각 권 전체의 내용을 대표하면서 다음 권으로 이어 주는 '봉합 시편' 역할을 합니다.

시편 1-2편은 표제어 없이 시편 전체의 서론 역할을 합니다. 마지막 5권에는 소위 말하는 '순례의 시'와 '할렐루야 시'가 있습니다. 120-134편에 해당하는 순례의 시는 예루살렘에 올라가며 부른 노래로 알려져 있으나, 실제 내용은 이스라엘이 바벨론 포로에서 돌아오는 것을 염원하며 메시아가 오실 것에 대한 희망을 가지고 부른 노래입니다. '할렐루야'는 '여호와를 찬양하라'라는 뜻으로, 146-150편은 "할렐루야"로 시작해서 "할렐루야"로 끝을 맺는 것으로 유명하며, 시편 전체의 피날레로서 결말을 웅장하게 마칩니다.

시편의 유형은 크게 찬양 시, 탄식 시, 감사의 시, 지혜의 시 등 4가지로 분류할 수 있습니다. 찬양 시는 하나님을 찬양하기 위해 공동체를 초청하는 내용을 담고 있습니다. 여호와의 통치를 찬양하고, 그분의 창조 세계의 주권을 찬양하며, 시온에 거하심을 찬양합니다. 탄식 시는 하나님께 도움을 요청하기 위해 부르짖으며, 개인과 국가의 위기 상황을 알리고 구원을 간구합니다. 그리고 언약에 대한 하나님의 성실하심과 신실하심에 대한 믿음을 표현하는 경배로 마칩니다. 감사의 시는 보살피심과 구원에 대해, 하나님이 기도에 응답해 주심에 대해, 탄원이 응답받았을 때에 대해 감사의 화답을 드립니다. 지혜의 시는 지혜 문학적 관심들, 즉 '악인의 번영'과 같은 이슈에 대해 고민하고, 삶의 성공을 추구하고, 의로운 자와 악한 자가 대비되는 등의 문제로 씨름하는 교육적 의도를 가지고 있는 시들입니다.

많은 시편이 표제어를 가지고 있습니다. '다윗의 시'나 '고라 자손의 시'처럼 관련되어 있는 개인이나 집단을 명시하기도 하고, '다윗이 그의 아들 압살롬을 피할 때에 지은 시'처럼 그 시에 관계된 역사적 사건들의 배경을 알리기도 합니다. 때로는 시의 양식으로 '인도자를 따라 현악에 맞춘 노래'처럼 음악 반주에 대한 지침도 나옵니다.

그러나 어떤 전문 용어들은 오늘날 그 뜻을 정확히 알기 어렵습니다. '믹담'은 '속죄'의 의미일 가능성이 있고, '마스길'은 '교훈을 위하여'라는 의미로 추측할 수 있습니다. 또한 시의 중간 중간에 나오는 '셀라'라는 단어는 시편에서 71회나 사용되는데, 그 의미에 대해 아직까지도 논란이 많습니다. '항상, 영원히' 또는 '고양시키다'라는 뜻으로 보기도 하고, 소리를 크게 하라는 악상 기호로 보기도 하고, 찬미를 위해 엎드리라는 예배 시의 지시로 보기도 합니다. 하지만 주로 음악에서의 '일시 멈춤'이라는 의미로 보고 막간을 이용하여 현악기를 간주하거나 묵상을 위한 멈춤의 시간으로 보는 것이 지배적인 의견입니다.

시편에는 구약의 모든 신학적 생각이 집결되어 있다고 해도 과언이 아닙니다. 특히 메시아가 오셔서 통치하실 것이라는 기대로 가득 차 있는 책이기도 합니다. 그렇기에 메시아의 오심에 대한 그림자라고 할 수 있는 다윗이 부각되어 있는 것입니다. 시편은 장례식에도 어울리고, 결혼식에도 어울리며, 슬플 때, 기쁠 때, 억울할 때, 감사할 때, 도움이 필요할 때, 두려울 때 등 상황에 관계없이 우리의 기도와 찬양과 예배에 항상 위로와 힘을 주는 책으로 영원히 남을 것입니다. 구약을 어디서부터 읽어야 할지 모르시는 분은 시편부터 시작하시기를 권합니다.

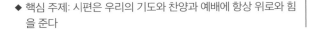

◆ 핵심 단어: 하나님을 향한 인간의 목소리, 악보 없는 찬송가, 기도, 다윗의 시편, 찬양 시, 탄식 시, 감사의 시, 지혜의 시, 표제어, 위로와 힘을 주는 책

▶ 강의 영상

◆ 핵심 주제: 시편은 우리의 기도와 찬양과 예배에 항상 위로와 힘을 준다

# 20

# 잠언

잠언은 우리에게 지혜롭게 사는 법을 가르쳐 주는 지혜서입니다. 삶과 믿음 사이의 갈등 속에서 상식과 믿음이 어떻게 조화될 수 있는지를 보여 주고, 신랄한 문구와 실용적인 아이디어로 우리를 새로운 수준의 의식으로 끌어올리는 역할을 합니다. 오랜 시간에 걸쳐 검증된 진리만을 기록했다는 것이 잠언의 중요한 특징입니다. 어떤 학자는 잠언을 '압축된 삶의 경험'이라고 표현하기도 했습니다. 이런 종류의 문학은 한꺼번에 이해하려고 하기보다 묵상을 통해 한 구절, 한 구절 서서히 음미하는 것이 효과적입니다.

잠언 1장 1절, "다윗의 아들 이스라엘 왕 솔로몬의 잠언이라"라는 말씀에서 '솔로몬의 잠언' 또는 '잠언'이라는 제목이 붙었습니다. '잠언'에 해당하는 히브리어 단어 '마샬'은 '비교하다'라는 의미를 가지고 있는데, 지혜와 어리석음, 의인과 악인, 생명과 죽음 등 대조적인 것들을 비교함으로써 진리를 전달합니다. 한편, 우리말에서 '잠'(箴)이라는 한자어는 병을 고치는 데 쓰는 '침'이라는 뜻과 '경계하다'라는 뜻으로, 잠언은 '침과 같이 톡 쏘는 가르침'이며 살아가는 데 경계가 되는 금언, 격언이라는 의미가 들어 있습니다.

잠언은 저자에 따라 7개 부분으로 나뉩니다. 첫 부분인 1-9장은 '솔로몬의 잠언'입니다. 두 번째 부분은 10장부터 22장 16절까지로, 다시 "솔로몬의 잠언"(잠 10:1)이라고 저자를 밝힙니다. 세 번째 부분은 22장 17절부터 24장까지로, "지혜 있는 자의 말씀"(잠 22:17, 24:23)이라는 표현이 2회 나옵니다. 네 번째 부분은 25-29장까지로, 솔로몬이 쓴 것이지만 "유다 왕 히스기야의 신하들이 편집한 것이니라"(잠 25:1)라고 밝힙니다. 솔로몬왕과 히스기야 시대가 200년 이상 차이가 나므로 잠언이 오랜 기간에 걸쳐 완성되었음을 알 수 있습니다.

다섯 번째 부분인 30장은 '아굴의 잠언', 여섯 번째 부분인 31장은 '르무엘왕의 말씀'인데, 이 두 사람에 대해서는 알려진 바가 전혀 없습니다. 어떤 학자들은 '아굴'과 '르무엘'이 솔로몬의 별명이라고 여겨 잠언의 거의 전체를 솔로몬이 쓴 것으로 간주하기도 하는데, 확실하게 결론을 내릴 수는 없습니다. 마지막 일곱 번째 부분은 31장 10-31절로, 익명의 '현숙한 여인'이 나옵니다. 잠언의 피날레를 장식하는 이 여인은 지혜가 의인화된 것인데, 그녀는 지혜의 원리에 따라 살며 '여호와를 경외함'을 근본으로 하기 때문에 아름답고 완벽하게 조화로운 삶을 사는 모범이 됩니다.

솔로몬이 열왕기상에서 말한 3,000개의 잠언 중 300~400개가 구약 잠언에 수록되었으므로, 잠언에서 그의 공이 가장 큰 것만은 확실합니다(왕상 4:32). 이렇게 솔로몬을 주요 저자로 선택한 것은 그가 상식과 하나님이 주신 어마어마한 지혜와 하나님의 말씀까지 가진 이상적인 인물을 상징하기 때문입니다.

1장 2~7절에 잠언의 목적이 7가지로 잘 나와 있습니다. 지혜와 훈계를 알게 하며, 명철의 말씀을 깨닫게 하며, 정의와 정직을 행하도록 훈계를 주며, 어리석은 자를 슬기롭게 하며, 젊은이들에게 지식과 분별력을 갖게 하며, 지혜 있는 자에게는 학식을 더하고, 명철한 자는 지략을 얻는다고 말합니다.

또한 "여호와를 경외하는 것이 지식의 근본이거늘 미련한 자는 지혜와 훈계를 멸시하느니라"라는 1장 7절은 잠언의 핵심 구절로, '여호와를 경외하는 법을 배우게 하는 것'이 잠언의 목적이라고 밝히고 있습니다. 잠언은 삶의 기본이 하나님과의 관계에서 규정된다고 가르칩니다. 그 바탕 위에서 도덕적인 이해와 옳고 그름에 대한 판단력을 기르는 것입니다. 그렇기 때문에 단순히 이 세상에서 잘 살기 위한 지혜를 가르쳐 주는 것이 아니라, 하나님을 경외하는 삶을 살기 위한 지혜를 가르쳐 주는 것이 목적입니다. 삶의 세세한 이슈들을 토라의 관점에서 어떻게 바라보아야 할지가 다루어져 있습니다.

실제로 잠언은 다양한 삶의 이슈들을 다룹니다. 악한 무리와 어울리는 것의 대가, 훈계와 보상, 부모에게 효도하는 것, 미련한 자의 말로, 훌륭한 인격의 가치, 위선적 믿음, 무절제의 위험, 사업 윤리, 이웃과의 관계, 결혼 관계, 음탕함, 거짓과 속임, 교만함의 위험, 나태와 게으름, 말을 조심하는 것, 불의한 저울, 보증을 서는 문제, 수다, 다툼, 오만, 험담, 명예 훼손, 미움, 비방, 사기, 시기, 술 취함, 뇌물, 자족함, 식탐, 분노, 실패, 가난, 부유함, 관대함, 검소, 인내 등 광범위한 주제들을 다룹니다. 어떤 학자의 말대로, 잠언은 '영원을 살 수 있는 건강한 인격으로 준비시키고 성장시키는 책'입니다. 그렇기에 '아비의 훈계', '어미의 법'이라는 수식이 나오며 가정에서 아이들과 함께, 특히 청소년과 함께 읽으며 인격을 성장시키기에 좋은 책으로 추천합니다.

다만, 잠언을 읽을 때 이것은 지혜로운 안내서이지 율법과 같은 절대적 명령의 선포는 아니라는 것에 주의해야 합니다. 잠언이라는 장르를 잘 이해하고 읽어야 잘못 적용하는 실수를 범하지 않을 수 있습니다. 예를 들면, "손을 게으르게 놀리는 자는 가난하게 되고"(잠 10:4)라는 말씀은 일반적인 삶의 원리를 이야기한 것이지, 절대적이고 예언적인 선포는 아니라는 것입니다. 부지런해도 여러 다른 요인들 때문에 가난을 벗어나지 못하는 경우가 너무 많기 때문입니다. 잠언은 지혜의 말씀이지만 지혜롭게 읽지 않으면 오히려 지혜롭지 않게 될 수 있습니다.

### 🍃 잠언의 특징

- 상식과 믿음의 조화
- 신랄한 문구와 실용적인 아이디어
- 검증된 진리만을 기록
- 영원을 살 수 있는 건강한 인격으로 성장시키는 책

### 🍃 잠언을 읽을 때 주의점

- 잠언은 지혜로운 안내서이지 절대적 명령 선포가 아님

◆ 핵심 단어: 지혜서, 격언, 압축된 삶의 경험, 침과 같이 톡 쏘는 가르침, 솔로몬, 현숙한 여인, 여호와를 경외함, 삶의 세세한 이 슈들, 토라의 관점

◆ 핵심 주제: 삶의 세세한 이슈들을 토라의 관점에서 어떻게 바라 보아야 하는가?

강의 영상

# 21

# 전도서

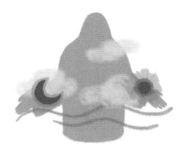

일단 전도서라고 하면 "헛되고 헛되며 헛되고 헛되니 모든 것
이 헛되도다"라는 말씀이 떠오르는데, 이 말씀으로 시작해서
이 말씀으로 마친다고 할 수 있습니다(전 1:2, 12:8). 실용적인 지
혜의 말씀인 잠언을 읽다가 전도서를 읽게 되면 혼란이 옵니
다. 하지만 이것이 성경을 읽는 재미라 볼 수 있습니다. 두 권
의 책이 삶 전반의 균형을 잡아 주기 때문입니다. 그렇기에 잠
언만 읽으면 안 되고 전도서도 함께 읽어야 하는 것입니다.

전도서의 히브리어 제목은 '코헬렛'인데, '설교자' 또는 '회
중 앞에서 말하는 자'라는 뜻을 가지고 있습니다. 한편, 우리말
성경은 '코헬렛'을 '전도자'로 번역했던 교회 전통에 따라 '전
도서'로 제목이 남게 되었습니다. 공동번역에서는 '전도자' 대
신 '설교자'라는 말을 씁니다.

전도서는 "다윗의 아들 예루살렘 왕 전도자의 말씀이라"(전

1:1)라고 하며 시작됩니다. 전통적으로 전도자는 솔로몬이며, 재위 기간 말년에 썼다고 알려져 있습니다. 그러나 책에는 실제 솔로몬이라는 이름이 나오지 않습니다. 그렇기에 마르틴 루터(Martin Luther)는 전도자가 솔로몬이 아니며, 후대 사람이 헛된 것을 좇다 죽은 솔로몬을 생각하며 전도자를 솔로몬으로 이해하도록 만들었다고 봅니다. 또한 많은 학자가 후대의 사람들이 무명 작가가 쓴 이 책에 권위를 더하기 위해 지혜의 대표 격인 솔로몬을 내세웠다고 주장하기도 합니다. 전도자가 실제 솔로몬인지, 아닌지 확실하지 않지만, 전도서의 저자는 전도자가 솔로몬으로 이해되도록, 솔로몬이 연상되도록 썼다는 것에는 동의합니다.

그럼 전도서의 저자는 누구일까요? 1장 12절부터 12장 7절에서 전도자는 자신을 "나 전도자는", "내가" 등의 1인칭으로 지칭합니다. 그러나 책의 서론과 결론을 이루는 나머지 부분에서는 또 다른 익명의 지혜 선생이 "전도자가 이르되"와 같이 3인칭으로 전도자를 소개합니다. 그러니까 전도서에는 전도자의 말과 익명의 지혜 선생의 말이 공존합니다. 전도서의 저자는 후자일 가능성이 높습니다.

우리는 전도서를 읽으며 전도자의 인생철학을 논평하도록 인도받습니다. 즉 전도서를 완전히 이해하려면 전도자의 메시지와 익명의 지혜 선생의 메시지를 분리해서 평가해야 한다는 것입니다. 익명의 지혜 선생의 메시지가 전도서 본문의 앞뒤를

감싸고 있기 때문에 프레임을 이룬다고 하여, 학자들은 그를 '프레임 서술자'라고 부릅니다.

먼저, 전도자의 메시지를 한마디로 요약하면 '삶은 헛되다' 입니다. '헛되다'라는 말을 40회 넘게 사용하여 어떤 학자의 표현처럼 '헛된 인생 예찬론'을 펼칩니다. 이것이 그가 '해 아래 모든 것'을 인간 지혜와 세상의 관점을 가지고 관찰한 결과입니다. 삶의 모든 업적이 헛되다고 지적합니다.

지혜가 많으면 번뇌도 많아 지혜도 헛되고(전 1:13-18, 2:12-17), 일에서는 가진 재주로 이웃의 시기를 받으니 일도 헛되고(전 2:18-23, 4:4-6), 쾌락을 누려 보았으나 그것도 헛되고(전 2:1-3), 부자는 부요함 때문에 잠도 제대로 자지 못하니 부를 누리는 것도 헛되고(전 2:4-11, 5:10-6:9), 권력에서 의미를 찾으려 했으나 그것도 헛되며, 그 외 재물을 모으는 것, 장수하는 것, 유한한 생명 등이 헛됨을 말합니다. 그는 때를 분별할 수 없는 수고도 헛되고, 죄악과 불의 등으로 인해 삶이 무의미하다고 결론을 내립니다.

그러면 이 헛된 세상에서 어떻게 살라는 말입니까? 전도자는 완전히 비관론자는 아닙니다. 6회에 걸쳐 "사람마다 먹고 마시는 것과 수고함으로 낙을 누리는 그것이 하나님의 선물인 줄도 또한 알았다"고 하며, 삶에서 소소한 것을 즐기고 노동으로 수고한 것을 누리는 일이 소중하다는 인생철학을 논합니다(전 2:24-26, 3:12-14, 22, 5:18-20, 8:15, 9:7-9). 여기에 동의하시는지요?

마지막 부분에 진짜 전도서를 쓴 익명의 저자의 목소리가 등장합니다. 그는 한계가 있는 인간 지혜로 인생을 보면 전도자의 말이 맞다고 동의합니다. 그러나 그것이 인생의 전부가 아님을 지적합니다. 해 아래에만 삶이 있는 것이 아니라 해 위의 것을 찾아야 함을 가르쳐 줍니다. 그것이 12장 9-14절에 잘 드러나 있습니다.

저자는 인간의 본분을 말합니다. 하나님을 경외하고 그분의 계명을 지키는 것의 중요성을 가르쳐 줍니다. 하나님이 인간의 모든 행위와 모든 은밀한 일을 선악 간에 심판하시기 때문입니다. 이러한 진리가 없다면 전도자의 말대로 우리의 삶은 헛될 수밖에 없습니다. 우리는 우리의 지혜가 아니라, 하나님의 관점에서 본 지혜로 인생을 조명해 볼 필요가 있습니다. 그러면 헛됨을 극복할 수 있는 진정한 의미의 인생을 발견할 수 있을 것입니다.

전도서! 21세기라는 불확실한 시대에 가장 21세기적인 메시지를 담고 있는 매력적인 책입니다. 인생? 진짜 헛되다고 생각하시나요? 그렇지 않을 수 있다고 생각하시나요? 전도서를 묵상하신 후에 여러분을 끝장토론으로 초대합니다.

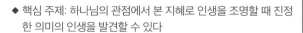

◆ 핵심 단어: 전도자의 메시지, 익명의 지혜 선생의 메시지, 프레임 서술자, 헛되다, 인생철학, 해 아래, 해 위의 것, 인간의 본분
◆ 핵심 주제: 하나님의 관점에서 본 지혜로 인생을 조명할 때 진정한 의미의 인생을 발견할 수 있다

▶ 강의 영상

# 22

# 아가

"내게 입 맞추기를 원하니 네 사랑이 포도주보다 나음이로구나." 아가서 1장 2절 말씀입니다. 어머나, 망측스러워라! 하지만 이것은 시작에 불과합니다. "네 두 유방은 백합화 가운데서 꼴을 먹는 쌍태 어린 사슴 같구나." 은혜가 다 날아가는 순간입니다. 이것은 아가서 4장 5절 말씀입니다. 이렇듯 아가서는 노골적인 성적 묘사, 도발적이고 생생한 이미지의 사용, 관능적이고 육감적인 설명, 열정적인 감정의 표현 등으로 많은 사람을 당황시킨 책입니다. 유대인들의 경우, 30세 이전에는 아가서를 읽지 못하도록 하기까지 합니다.

뿐만 아니라 "코는 다메섹을 향한 레바논 망대 같구나"(아 7:4)와 같은 아가서의 표현은 그만큼 예쁘다는 말인지, 튼튼하게 생겼다는 말인지 우리와는 미적 감각이 달라 쉽게 이해되지 않습니다. 그렇기에 본문 해석을 비롯하여 하나님의 계시인

성경에 포함되어야 하는지의 여부까지, 구약 성경에서 아가서
만큼 논란의 대상이 되어 온 책도 없습니다.

"솔로몬의 아가라"라는 1장 1절 말씀부터 해석에 대해 의견
이 분분합니다. '솔로몬의'라는 부분을 '솔로몬에 의한', '솔로
몬에게', '솔로몬을 위한', '솔로몬에 관한' 등으로 다양하게 볼
수 있습니다. 솔로몬이 썼다는 것인지, 솔로몬에게 헌정한 것
인지, 솔로몬을 주인공으로 하여 지어졌다는 것인지 알 수 없
습니다. 전통적으로 아가서는 솔로몬이 지은 1,005편의 노래
중 하나로, 젊은 시절에 지었다고 알려져 있습니다. 하지만 이
것이 솔로몬의 실제 사랑 이야기인지조차 확실치 않습니다.

아가서의 히브리어 제목은 '노래 중의 노래'라는 뜻으로 '가
장 위대한 노래'라는 최상급 표현을 썼으며, 우리말 성경은 '아
름다운 노래'라는 의미로 '아가'라고 제목을 붙였습니다.

아가서에 관한 해석은 그 역사가 깁니다. 가장 인기 있는 해
석은 초기 유대학자들이 알레고리적으로 해석한 것으로, 이스
라엘에 대한 하나님의 사랑으로 본 것입니다. '알레고리'라는
문학적 형태는 표면적 의미 뒤에 숨겨진 영적 의미가 있다고
보는 것입니다. 유대인들은 전통적으로 유월절에 아가서를 읽
었습니다. 유월절은 그들에게 가장 중요한 구원의 역사를 기리
는 날입니다. 그리고 아가서는 이스라엘에 대한 하나님의 진한
사랑을 새롭게 경험하게 하는, 일종의 충격 요법이었습니다.
초기 기독교 신학자들은 동일한 알레고리적 해석으로 솔로몬

과 술람미 여인이 그리스도와 교회를 상징한다고 보았습니다. 이 해석은 19세기까지 가장 인기가 있었습니다.

반면, 모형론적 해석은 아가서의 남녀 간의 사랑을 신약에 와서 그리스도와 교회의 모형이라고 보는 것입니다. 아마도 이것이 개신교인들에게 가장 편안한 해석일 것입니다. 아가서를 합창단이 동반되는 고대 드라마의 연극 대본으로 보고, 왕이 젊은 여인을 유혹하지만 여자는 고향의 목동을 사랑한다는 삼각관계의 이야기로 해석하기도 합니다. 이렇게 되면 주인공이 3명이 되어 해석이 더 복잡해집니다.

어떤 학자는 아가서를 장례식에서 사용된 노래로 보기도 하는데, 삶과 사랑이라는 가장 강력한 힘으로 죽음에 대한 두려움을 극복한다는 의미에서입니다. 대조적으로, 아가서가 여러 편의 혼례 시를 모은 결혼 시집으로서 결혼식에서 사용되었다는 이론도 있습니다. 이와 연관하여 솔로몬이 이집트 바로의 딸과 결혼할 때 쓴 노래가 아가서였다고 보기도 합니다. 그래서 아가서를 '신혼부부의 책', '신혼여행의 노래'로 부르기도 합니다. 바벨론의 농경 신을 숭배하는 의식 같은 제의에 아가서가 쓰였다는 해석을 하기도 합니다. 또한 은근한 비유를 사용한 성교육적 책으로 보기도 합니다.

최근에 많은 학자가 아가서를 남녀 간의 자연스러운 사랑의 이야기로 보고, 문자적으로 해석하여 결혼의 아름다움과 성스러움이 강조된 연애 시로 보면서 책의 교훈을 받아들이는데,

이 해석이 대세입니다. 이렇듯 역사적으로 아가서를 이해하고자 다양한 접근을 통해 노력해 왔으나 아직도 많은 의문점이 남아 있습니다.

여전히 학자들 간에 아가서에 대한 논의는 진행 중입니다. 다양한 견해가 있지만, 아가서를 단순히 남녀의 사랑 이야기로만 보기에는 무리가 있습니다. 따라서 우리는 아가서를 지혜 문학서의 장르로 보고, 그 속에서 지혜를 발견하고 영적인 의미를 찾기 위해 노력해야 합니다.

## 아가서의 특징

- 노골적 성적 묘사
- 도발적, 생생한 이미지
- 관능적, 육감적 설명
- 열정적 감정 표현

## 아가서의 해석

- 알레고리적 해석
- 모형론적 해석
- 고대 드라마의 연극 대본
- 장례식에서 사용된 노래
- 혼례 시를 모은 결혼 시집
- 바벨론 농경 신 숭배 제의 사용
- 비유를 사용한 성교육 책
- 결혼의 아름다움을 담은 연애 시
- 지혜를 추구하는 노래

◆ 핵심 단어: 논란의 대상, 솔로몬, 노래 중의 노래, 아가서에 관한 다양한 해석, 지혜 문학서, 영적 의미

◆ 핵심 주제: 아가서를 지혜 문학서로 보고 영적 의미를 찾기 위해 노력해야 한다

▶ 강의 영상

# 23

# 이사야

헨델(Handel)의 유명한 오라토리오 "메시아" 공연을 보면 이사야서를 많이 인용했음을 알 수 있습니다. 그중 제1부 "예언과 탄생"에 나오는 합창곡 "우리를 위해 한 아기 나셨다"는 "이는 한 아기가 우리에게 났고 … 그의 이름은 기묘자라, 모사라, 전능하신 하나님이라, 영존하시는 아버지라, 평강의 왕이라 할 것임이라"라는 이사야 9장 6절 말씀에서 영감을 얻은 것입니다. 신약에서 가장 많이 인용된 책 또한 이사야서입니다. 이사야서는 분량이 많아 '대선지서'로 불리며, 양만큼 신학적 깊이가 있는 예언서로 사랑을 받아 왔습니다.

'이사야'는 '여호와께서는 구원이시다'라는 의미를 가지고 있는데, 이것이 이사야서 전체의 주제인 동시에 예언서 전체의 주제이기도 합니다. 이름에 담긴 의미처럼, 이사야는 국제 정세가 어지러운 때에 다른 나라에 의존하지 말고 구원의 능력이신 여호와만을 믿고 의지하도록 촉구합니다. 이사야는 주전 8세기 후반의 선지자로, 유다의 웃시야왕이 사망한 해에 선지자로 부름을 받고, 그 이후 요담, 아하스, 히스기야왕 시대에 걸쳐 활동합니다. 이때는 신앗수르 제국이 강대국으로 부상하면서 그들의 팽창 정책으로 서서히 침략의 기운이 맴돌던 때입니다.

이사야서를 읽다 보면 40장부터 문체, 분위기, 신학적 관점, 메시지가 확 바뀌는 것을 느낄 수 있습니다. 따라서 자연스럽게 1-39장과 40-66장 등 크게 두 부분으로 나눌 수 있습니다. 1-39장은 처음부터 이스라엘과 열방을 향한 심판과 비난의 메시지로 가득합니다. 40장 이후부터는 "위로하라"라는 말씀으로 시작하며 용서와 구원, 이스라엘의 회복을 이야기합니다.

1-39장의 시대 배경은 앗수르를 중심으로 펼쳐집니다. 시리아의 르신왕과 이스라엘의 베가왕이 앗수르에 대항하기 위해 연합군을 형성하는데 남유다가 참여를 거절합니다. 이에 대해 시리아와 북이스라엘이 동맹군을 형성하여 남유다를 치고 자신들이 원하는 새 왕을 세우려 하는데, 이것을 '시리아-에브라임 전쟁'이라고 부릅니다(주전 734-732년). 이사야는 당시 아하스왕(주전 735-715년)에게 하나님만을 의지하고 앗수르와 동맹을 맺지 말 것을 충고하나, 믿음이 없는 아하스는 결국 앗수르의 디글랏빌레셀 3세(주전 745-727년)에게 도움을 청하여 앗수르의 속국이 되고 그들의 종교를 받아들이게 됩니다(왕하 16:10-18).

36-39장은 아하스의 아들 히스기야왕(주전 715-686년) 때의 사건을 다룹니다. 히스기야왕이 반앗수르 정책을 폈기 때문에 이번에는 앗수르왕 산헤립이 유다 왕국을 침공합니다(주전 701년). 아하스왕과는 대조적으로 믿음의 사람인 히스기야는 부르짖는 기도로 여호와를 의지함으로 산헤립을 물리치고 앗수르로부터 가까스로 위기를 모면하게 됩니다. 이 일이 있기 전 히스기야의 치명적 병이 기도로 기적적으로 치유되고 생명이 연장됩니다. 당시 신생 도시 국가였던 바벨론 왕 므로닥발라단(주전 721-710년)이 회복을 축하하는 사절단을 보내는데, 히스기야는 이들에게 국가의 보고를 다 보여 주는 어리석은 행보를 합니다. 이에 이사야 선지자는 바벨론이 히스기야의 후손을 침략할 것을 예언합니다.

이 사건을 전환점으로 40장 이후부터는 바벨론 왕국을 배경으로 바벨론 포로 생활과 미래의 구원과 해방과 예루살렘을 중심으로 한 왕국 건설의 메시지를 전하며 새 하늘과 새 땅의 종말론적 새로운 미래를 예언합니다. 이때 하나님이 하나님의 뜻을 이행하기 위한 도구로서의 특별한 종을 사용하시리라는 '종의 노래'가 유명한데(사 42:1-7, 49:1-9, 50:4-11, 52:13-53:12), 이 종은 오실 메시아를 가리킵니다. 특히 종의 노래가 나오는 52-53장에는 성만찬 때 자주 인용하는, "그가 찔림은 우리의 허물 때문이요 그가 상함은 우리의 죄악 때문이라 … 우리는 다 양 같아서 그릇 행하여 각기 제 길로 갔거늘 여호와께서는 우리 모두의 죄악을 그에게 담당시키셨도다"(사 53:5-6)라는 유명한 말씀이 포함되어 있습니다.

이사야는 여호와를 '이스라엘의 거룩한 자'(The Holy One of Israel)라고 20회 이상 칭하며, 당시의 죄악된 이스라엘 백성과 여호와의 거룩한 속성을 잘 대조시킵니다. '만군의 여호와'도 40회 이상 사용하여 하나님의 능력을 강조합니다. 여호와를 지칭하는 또 다른 표현인 '구속자'라는 말은 13회 썼으며, 이를 통해 하나님의 구원의 주권적 은혜를 강조합니다(사 41:14, 43:14, 44:6, 24, 47:4, 48:17, 49:7, 26, 54:5, 8, 59:20, 60:16, 63:16).

이사야가 궁중에서 왕과 귀족 계층에게 사역을 했다면, 동시대에 미가 선지자는 일반 서민들에게 사역을 했습니다. 주전 8세기 때 북이스라엘에서 활동했던 다른 선지자들은 아모스와 호세아가 있습니다. 주후 2세기 유대 전승에 따르면, 이사야는 히스기야 다음 왕인 므낫세왕에 의해 톱으로 반쪽으로 잘려서 순교했다고 전해집니다.

전체가 66장인 이사야서는 전반부 39장과 후반부 27장으로 나뉘는데, 신구약 성경 66권 중 구약이 39권이고 신약이 27권인 것과 숫자가 같아 '성경의 축소판'이라고 불리기도 합니다. 더불어 북이스라엘과 남유다의 멸망, 앗수르, 바벨론, 페르시아 왕국에 대한 예언, 동정녀 탄생, 임마누엘, 대속적 죽음과 같은 메시아에 대한 예언, 그리고 하나님에 대해 어떤 구약 책보다도 방대하고 심오한 신학을 제공합니다. 이러한 신학의 깊은 연못에 잠겨 많은 은혜를 받으시기 바랍니다.

### 🖋️ 이사야서의 특징

- 신약에서 가장 많이 인용된 책
- 분량이 많아 '대선지서'로 분류

### 🖋️ 이사야서의 구성

- 1-39장: 이스라엘과 열방을 향한 심판과 비난 메시지
- 40-66장: '용서와 구원', 이스라엘의 회복 메시지

### 🖋️ 이사야서의 하나님

- 이스라엘의 거룩한 자(20회 이상 사용): 여호와의 거룩한 속성 강조
- 만군의 여호와(40회 이상 사용): 하나님의 능력 강조
- 구속자(13회 사용): 하나님의 구원의 주권적 은혜 강조

◆ 핵심 단어: 대선지서, 신학적 깊이, 히스기야, 앗수르, 바벨론, 페르시아, 포로 생활, 구원, 새 하늘과 새 땅, 종의 노래, 여호와, 성경의 축소판

▶️ 강의 영상

◆ 핵심 주제: 구원의 능력이신 여호와만을 믿고 의지하라

# 24

# 예레미야

예레미야는 유다가 멸망으로 치닫는 어두운 시대에 전달하고 싶지 않은 메시지를 전해야 하는 비운의 선지자였습니다. 바로 "나라가 멸망할 것이니 침략하는 바벨론에 항복하라"라는 메시지였습니다. 하나님이 죄악된 유다를 심판하기로 작정하셨기 때문에 포로 생활은 피할 수 없다는 것입니다. 그것 때문에 예레미야는 하나님과 갈등했고, 전달해야 하는 메시지와 갈등했고, 자기 민족인 유다 백성과 갈등했습니다. 그리고 나라의 운명을 생각하며 눈물이 마르지 않았기에 '눈물의 선지자'라는 별명까지 얻었습니다(렘 9:1).

이사야가 주전 8세기 선지자라면 예레미야는 주전 7세기와 6세기 중반까지 활동을 했습니다. 예레미야는 유다의 요시야 왕 13년인 주전 627년부터 예루살렘이 망해 백성들이 포로로 잡혀가는 주전 586년까지 40년 이상 사역을 합니다. 요시야왕은 훌륭했던 유다의 마지막 왕으로, 8세에 왕이 되어 31년간 국가를 통치하며 영적 개혁을 단행합니다.

당시 국제무대에서는 나보폴라살이 주전 626년에 신바벨론 제국을 건설하여 앗수르를 위협하고 있었습니다. 그 이후 주전 612년 수도인 니느웨의 멸망으로 앗수르가 완전히 기울어지면서, 신바벨론 제국이 패권을 쥐게 됩니다. 바벨론 세력의 확장에 위협을 느낀 이집트의 바로 왕 느고 2세는 바벨론의 세력을 저지하기 위해 주전 609년에 갈그미스 전투를 하러 북진하게 됩니다. 이때 반앗수르적 입장이었던 유다의 요시야왕이 이집트 군대가 지나가는 길을 막고 므깃도에서 맞서 싸우다가 전사하고 맙니다. 이때부터 유다도 내리막길을 걷게 됩니다. 요시야왕의 아들 여호아하스는 이집트로 끌려가 죽고(왕하 23:31-34; 렘 22:10-12), 이집트는 요시야왕의 또 다른 아들인 엘리아김을 왕위에 앉힌 뒤 이름을 여호야김으로 바꿉니다.

주전 605년에 갈그미스에서 이집트와 바벨론이 또 다른 접전을 치르는데, 이집트가 패하고 바벨론이 유다까지 침공하게 됩니다. 바벨론은 예루살렘의 성전 기구 얼마와 소수의 왕족과 귀족을 데리고 갑니다. 다니엘과 그의 세 친구들도 이때 포로로 끌려가게 됩니다(단 1:1-6).

여호야김의 아들인 여호야긴이 왕이 되었을 때 바벨론은 주전 597년에 다시 예루살렘을 2차로 침공합니다. 느부갓네살은 성전의 모든 보물과 왕궁의 보물, 왕과 그의 어머니를 비롯해 예루살렘의 백성과 지도자, 용사 1만 명, 장인과 대장장이 등 어지간한 사람들을 다 포로로 끌고 갑니다(왕하 24장). 이때 선지자 에스겔도 함께 끌려가게 됩니다.

이후 여호야긴의 숙부 시드기야를 왕으로 앉히지만 그도 예레미야의 권고를 무시하고 친이집트 정책을 펴다가 느부갓네살의 3차 침공을 받게 됩니다. 이로 말미암아 예루살렘과 성전은 훼파되고, 시드기야는 두 눈이 뽑혀 포로로 잡혀가고, 유다라는 나라는 망하게 됩니다. 이때가 주전 586년입니다. 마치 우리나라 조선 말기처럼 우울하고 불운한 때였습니다. 예레미야는 유다의 마지막을 지켜보며 "바벨론에 항복하라!"라는, 누구도 듣지 않는 메시지를 계속 전해야 했습니다. 이렇듯 예레미야는 '열방 속에서 일하시는 여호와', '역사의 주인이신 여호와'를 잘 보여 줍니다.

예레미야는 '상징 행동'으로도 유명합니다. 상징 행동이란 상징적 행동을 통해 메시지를 더 드라마틱하고 인상적으로 전하는 방법입니다. 구약에는 약 30여 개의 상징 행동이 나오는데, 그중 절반가량이 예레미야서에 나오므로 그는 '액션 예언가'라고도 볼 수 있습니다. 예를 들면, 허리띠를 통한 상징 행동(렘 13장), 자신의 삶을 통한 상징 행동(렘 16장), 깨진 항아리를 통한 상징 행동(렘 19장), 멍에를 통한 상징 행동(렘 27-28장), 경작지 매입을 통한 상징 행동(렘 32장), 큰 돌을 통한 상징 행동(렘 51장), 책에 돌을 매어 유브라데강에 던져 버리는 상징 행동(렘

51장) 등이 있습니다.

토기장이 비유를 통한 상징 행동은 유명한데(렘 18장), 진흙이 토기장이의 손에 있음같이 하나님이 우리에 대해 절대적 주권을 가지고 계심을 가르쳐 줍니다. 또한 예레미야는 결혼하는 것, 자녀를 갖는 것, 조문 가는 것, 잔치에 참여하는 것을 금지당하는 삶으로 보여 주는 상징 행동을 통해 심판의 긴급성을 전합니다. 참으로 비참한 삶을 살도록 요구받은 선지자입니다.

그러나 예레미야서의 메시지가 다 우울한 것만은 아닙니다. 다른 예언서에서처럼 하나님은 구원과 희망의 메시지도 주십니다. 그들이 70년이 지나면 포로 생활에서 돌아올 것을 예언합니다. 또한 '새 언약'의 메시지는 구약 신학에 기여한 바가 가장 뛰어난 메시지입니다. 옛 언약은 모세의 율법을 지켜야 하지만, 새 언약은 옛 언약을 대체하는 개념으로 마음에 하나님의 법이 새겨질 것이며 하나님이 죄를 기억하지 아니하실 언약입니다. 어떻게 이런 일이 있을 수 있습니까! 신약에 와서 예수님은 본인의 피와 살, 즉 십자가의 죽음으로 새 언약을 수립하십니다(눅 22:20; 고전 11:25). 이제는 율법이 아닌 예수님을 믿음으로 구원을 받을 수 있습니다.

예레미야 1장 10절에서 여호와께서는 '뽑고 파괴하며 파멸하고 넘어뜨리며 건설하고 심는' 메시지를 전하는 자로서 예레미야를 부르십니다. 이 모든 것을 삶으로, 메시지로 감수해

낸 예레미야는 참으로 위대한 하나님의 대변자입니다. 이제부터 예레미야서와의 긴 여행을 시작해 보시기 바랍니다.

### 예레미야서의 상징 행동

- 상징 행동: 상징적 행동을 통해 인상적으로 메시지를 전하는 방법
  - 허리띠를 통한 상징 행동(렘 13장)
  - 자신의 삶을 통한 상징 행동(렘 16장)
  - 토기장이 비유를 통한 상징 행동(렘 18장)
  - 깨진 항아리를 통한 상징 행동(렘 19장)
  - 멍에를 통한 상징 행동(렘 27-28장)
  - 경작지 매입을 통한 상징 행동(렘 32장)
  - 큰 돌을 통한 상징 행동(렘 51장)

◆ 핵심 단어: 눈물의 선지자, 신바벨론 제국, 포로, 멸망, 상징 행동, 새 언약, 예수님, 위대한 하나님의 대변자

◆ 핵심 주제: 열방 속에서 일하시는 여호와, 역사의 주인이신 여호와

▶ 강의 영상

# 25

# 예레미야애가

예레미야애가의 히브리어 제목은 '애카'로, 우리말로는 '슬프다'로 번역되어 있습니다. 이 단어는 1장, 2장, 4장이 시작되는 첫 단어이자 장례곡의 첫마디로 많이 사용되었으며 애도할 때 쓰는 표현입니다. '애가'는 '슬픈 노래'라는 의미입니다. 제목 자체가 '예레미야애가'로 되어 있다는 것은 전통적으로 유대교와 기독교에서 예레미야가 저자로 받아들여지고 있다는 증거입니다. 그러나 예루살렘의 멸망을 실제로 목격한 익명의 저자가 썼다고 주장하는 학자들도 많이 있습니다.

예레미야애가(이하 '애가')는 주전 586년에 바벨론에 의해 나라가 망하고, 백성들이 포로로 끌려가며, 예루살렘성이 파괴되고, 여호와의 성전이 훼파된 것을 애도하여 지은 시입니다. 고대 메소포타미아 문학에도 '성을 위한 애가'가 존재했습니다. 이러한 탄식 시들은 고대의 종교적, 문학적 전통이기도 합니다. 또한 애가는 개인과 국가 차원에서 나라 잃은 슬픔을 발산하고 실망, 분노, 죄책감, 애통, 절규 등을 통해 카타르시스를 얻는 효과가 있습니다. 또한 왜 이러한 신의 버림이 있었는지 되짚어 보며 공동체가 함께 통회하는 역할을 합니다. 그래야만 미래의 희망이 있기 때문입니다. 한마디로, 애가는 바벨론 포로 생활에 대한 신학적 설명을 최대한 슬픈 감정을 실어 시로써 표현한 것입니다.

애가만큼 예술적이며 문학적인 구성과 기교 면에서 뛰어난 책은 없습니다. 모두 5편의 시로 구성되어 있어, 창세기부터 신명기까지 5권으로 된 토라를 상기시키기 때문에 '고통의 토라'라고도 불립니다. 각 장이 동일하게 22절로 구성되어 있는데, 22는 의도적인 숫자입니다. 이는 히브리어 알파벳이 모두 22자이기 때문이며 '처음부터 끝까지'라는 의미를 가지고 있어 '완전한 슬픔'을 표현하는 방법입니다. 그러나 예외적으로 3장은 66절로서, 22절의 3배입니다. 자연스럽게 3장이 책의 문학적, 신학적 중심 역할을 하며 저자가 3장을 강조하고 있음을 알 수 있습니다.

애가는 '하나님의 진노'에 초점을 맞추고 있습니다. 하나님은 심판의 경고를 경고로만 끝내지 않으시고 실제로 행하신다는 것이 핵심 메시지입니다. 예레미야서에서 '바벨론'이 160회 이상 언급되지만, 애가에서는 바벨론이 일체 언급되지 않습니다. 이는 유다가 망한 것이 바벨론 때문이 아니라, 그들의 죄

때문임을 지적하기 위한 것입니다. 그렇기 때문에 하나님이 심판하신 것이며 그것은 하나님의 주권임을 가르쳐 주기 위한 것입니다. 하나님은 심판에 있어서도 신실하십니다.

그러나 애가는 심판의 메시지로만 끝나지 않습니다. 이런 상황에서도 저자는 3장에서 회개하면 회복시켜 주실 것에 대한 희망을 표현합니다. 자기 백성을 영원히 버리지 아니하시는 하나님의 신실하심에 대한 믿음을 표현합니다. "여호와의 인자와 긍휼이 무궁하시므로 우리가 진멸되지 아니함이니이다 이것들이 아침마다 새로우니 주의 성실하심이 크시도소이다 … 그러므로 내가 그를 바라리라"(애 3:22-24)라는 말씀은 애가에서 유명한 구절입니다. 그렇기 때문에 3장을 3배 분량으로 강조한 것입니다. 그들의 슬픔은 말로 다할 수 없으나 그들이 여호와로 인하여 가져야 하는 희망은 슬픔의 3배, 즉 측량할 수 없다는 것입니다. 슬픔보다는 희망이 훨씬 크다는 것을 표현한 것입니다.

전통적으로 유대력으로 아브월 9일에 유대인들은 예루살렘 성전 파괴를 애도하는 절기를 지내는데, 그때 금식하며 애가를 읽습니다. 아브월은 현대력으로 7-8월에 해당됩니다. 또한 어떤 유대인들은 매주 금요일마다 애가를 읽기도 합니다. 그들은 애가를 읽으며 자신의 죄를 되돌아보았을 것입니다. 동시에 회개하면 인자와 긍휼이 무궁하신 여호와께서 자기 백성을 영원히 버리지 않으시고 돌아보신다는 희망을 가지고 미래의 영광스러운 회복을 꿈꾸었을 것입니다. 애가를 읽으며 각자의 죄, 우리나라의 죄를 돌아보며 회개와 통회의 시간을 가지시기를 바랍니다.

## 예레미야애가의 독특한 구성

- 1장: 총 22절
- 2장: 총 22절
- 3장: 총 66절
- 4장: 총 22절
- 5장: 총 22절

3장은 다른 장의 3배 분량으로 강조. 희망은 슬픔의 3배, 즉 측량할 수 없음을 표현한 것으로 3장이 문학적, 신학적 중심 역할을 강조함

## 유다가 망한 이유

- 바벨론 때문이 아닌 이스라엘 백성의 '죄' 때문

◆ 핵심 단어: 고통의 토라, 22, 완전한 슬픔, 하나님의 진노, 죄, 하나님의 주권, 회개를 통한 회복의 희망, 희망은 슬픔의 3배

◆ 핵심 주제: 하나님은 심판의 경고를 경고로만 끝내지 않으시고 실제로 행하신다

▶ 강의 영상

# 에스겔

에스겔과 다니엘은 포로로 끌려가 예언을 했던 자들입니다.
바벨론의 느부갓네살은 유다를 3차에 걸쳐 침공하는데, 1차
침공인 주전 605년에 다니엘이 끌려갔고, 2차 침공인 주전
597년에 유다 왕 여호야긴과 권세 있는 자들과 지도자들과 용
사 1만 명을 끌고 갈 때 함께 끌려간 자가 에스겔입니다(왕하
24:10-17). 이때는 아직 3차 침공이 일어나지 않은 때이며, 에스
겔은 11년 후에 포로지에서 고국의 멸망 소식을 듣게 됩니다.

30세였던 그는 주전 593년, 즉 여호야긴왕이 잡혀간 지 5년
째 되는 해에 포로지에서 하나님의 부르심을 받아 제사장으로
서 예언자가 됩니다. '에스겔'의 이름은 '하나님이 강하게 하
신다'라는 의미인데, 유다 역사상 가장 어두운 시기에 포로로
끌려가 있는 유대인들과 함께 거하며 그들을 격려하고 강하게
한 그의 사역에 잘 맞는 이름입니다.

에스겔서는 유일하게 책 전체가 1인칭으로 기록된 예언서입니다. 그렇기에 에스겔의 개인적인 관점을 들어 볼 수 있다는 독특한 장점이 있습니다. 또한 에스겔서는 연대 기록이 아주 정확한 책으로 알려져 있습니다. 13회에 걸쳐 정확한 날짜와 달, 연대를 기록하고 있으며, 주전 593년에 첫 말씀을 선포하고, 주전 570년에 마지막 예언을 기록합니다(겔 29:17).

에스겔서는 예루살렘이 주전 586년 바벨론에 의해 완전히 망한 소식을 기점으로 메시지가 달라집니다. 예루살렘이 망하기 전에 에스겔은 유다의 불순종을 지적하고, 예루살렘에 임한 심판을 경고하며, 회개와 믿음을 촉구합니다. 평화와 축복을 외치는 거짓 선지자들을 따르지 말 것을 경고합니다(겔 1-24장). 그러나 예루살렘이 망한 후에 그는 희망의 예언자로 변신합니다. 백성들을 위로하며 평화와 축복의 메시지를 전달합니다. 미래의 구원의 회복과 영광을 말합니다(겔 33-48장). 에스겔은 골짜기의 마른 뼈 환상을 통해 하나님의 백성이 회복될 것을 예언합니다. 또 다른 환상을 통해 새로운 성전과 예루살렘 성읍의 회복을 보여 줍니다. 그 성읍의 이름은 '주님이 거기 계시다'라는 뜻의 '여호와 삼마'로 부를 것이라고 말합니다.

에스겔서에서는 "내가 여호와인 줄을 너희가 알리라"라는 표현이 60회 이상 나옵니다. 여호와께서는 구원이든 심판이든 약속하신 것은 반드시 이행하시는 분이며, 언약을 지키시는 분임을 강조한 것입니다. 또한 하나님은 에스겔을 90회 이상 '인자'

로 부르십니다. 이것은 그가 아무리 많은 환상을 볼지라도 단지 하나님의 말씀을 전하는 한 인간이며 그분의 백성 이스라엘과 한 운명 공동체라는 것을 상기시키는 의미로 사용됩니다.

에스겔은 구약 묵시 문학에 큰 공헌을 합니다. 신비한 환상적 체험, 영에 이끌린 여행들(겔 8:1-4, 40:1-4), 여호와의 영광이 성전을 떠나고 돌아오는 장면들(겔 8-11, 43장), 종말론적 주제와 조화를 이룬 독특한 상징들, 해석과 예언이 곁들여진 역사의 상징적 되풀이(겔 17:3-24) 등 후기 유대 묵시 문학의 길을 닦은 사람으로 평가됩니다.[5]

그는 다양한 문학 양식, 장르, 표현 기법을 통해 효과적으로 메시지를 전합니다. 포도나무(겔 15장), 독수리들(겔 17장), 암사자들(겔 19장), 오홀라와 오홀리바(겔 23장), 가마솥(겔 24장) 등 수많은 알레고리를 사용합니다. 또한 아내가 죽었으나 애곡하지 않거나, 390일은 왼쪽으로 눕고 40일은 오른쪽으로 눕거나, 머리를 삭도로 밀어 저울에 달아 나누어 놓거나, 행장을 메고 어두운데 벽을 뚫고 나가는 등 온갖 상징적 행동을 통해 드라마처럼 생생하게 메시지를 전합니다. 이런 기이한 행동들과 그가 본 예언적 환상들로 인해 에스겔을 비현실적이고 정신분열증이 있는 선지자로 취급하고 그를 심리적으로 분석한 학자들도 있을 정도입니다.

에스겔은 이렇게 하나님을 위해 광대와 같은 역할을 서슴없이 합니다. 그리고 마치 충격 요법을 사용해 죽을병에 걸린 환자에게 해독제를 주는 것처럼, 자신의 독특한 삶과 행동을 통해 마음이 굳은 유다 민족이 메시지에 귀 기울이도록 최선을 다합니다. 에스겔의 최선은 하나님의 최선이기도 합니다. 그 외에도 그는 효과적인 전달을 위해 장례 애도가, 역사와 신학 이야기, 소송 형식의 신탁, 잠언, 비전, 우화, 인용, 맹세, 속담, 격언 등 다양한 문학 형식을 동원합니다.

에스겔서는 신약에 직간접적으로 60회 이상 인용되며 대부분 요한계시록에서 발견됩니다. 그룹이 이끄는 전차를 타고 나타나신 하나님의 장엄한 환상으로 시작해서, 새 마음과 새 영을 주는 새 언약의 약속을 비롯, 새 예루살렘의 회복에 대한 환상까지, 에스겔은 우리를 완전히 다른 영적 세계로 인도할 것입니다. 현재 삶이 바닥을 치고 있다면 에스겔이 본 비전들을 생각하며 큰 힘을 얻으시기 바랍니다. 그 비전은 바로 하나님이 우리에게 보여 주시는, 우리를 위한 비전이기도 하기 때문입니다.

---

◆ 핵심 단어: 바벨론 3차 침공, 제사장, 1인칭, 정확한 연대 기록, 회개와 믿음 촉구, 희망의 예언자, 마른 뼈 환상, 여호와 삼마, 인자, 구약 묵시 문학, 알레고리, 하나님을 위한 광대

◆ 핵심 주제: 에스겔이 본 비전들을 생각하며 영적 힘을 얻으라

▶ 강의 영상

# 27

# 다니엘

다니엘서는 주인공의 이름을 따서 제목을 붙였습니다. '다니엘'은 '하나님은 나의 심판자'라는 뜻을 가지고 있습니다. 이름을 반영하듯, 이 책은 종말론적인 심판의 메시지와 열방에 하나님의 주권을 선포하는 메시지를 다루고 있습니다.

귀족의 자제인 다니엘은 바벨론의 느부갓네살이 예루살렘을 침공한 주전 605년에 정치 인질로 바벨론에 끌려가게 됩니다. 그는 그때부터 여러 차례에 걸쳐 환상을 봅니다. 바벨론이 망한 후에도 페르시아를 섬기며 페르시아 왕 고레스 3년에 다시 환상을 보게 됩니다. 이때가 주전 536년이므로 그는 거의 70여 년 동안 이방 땅에서 두 나라와 여러 이방 왕들을 섬기며 높은 위치의 관직 생활을 한 것입니다. 다니엘은 에스겔과 동시대인인데, 에스겔서에서도 여러 번 다니엘의 이름이 언급됩니다(겔 14:14, 20, 28:3).

다니엘서는 예언적 묵시 문학에 속합니다. 묵시는 '계시' 또는 '감추었던 것을 드러내는 것'을 뜻하며 헬라어로는 '아포칼립시스'입니다. 묵시는 주로 하나님의 계획과 신비를 계시하는 문학이며, 인류 역사의 종말을 드러내는 데 초점을 맞춥니다. 또한 상징적 용어와 숫자를 동원하며 초현실적 이미지, 미래의 환상을 많이 사용하는 문학적 장르이기 때문에 때로는 이해하기가 매우 어렵습니다. 다니엘서의 저자에 대해서는 논란이 분분한데, 많은 보수 학자는 마태복음에서 예수님이 다니엘서의 예언을 인용하시며 그것을 다니엘이 말했다고 말씀하시기 때문에 다니엘을 저자로 봅니다(마 24:15).

다니엘서는 크게 두 부분으로 나누어집니다. 1-6장은 다니엘이 경험한 역사적 사건들을 기록하고, 7-12장은 다니엘이 본 환상들을 기록하고 있습니다.

또 다른 구조적 관점으로 관찰해 보자면, 전반부 1-5장과 후반부 6-12장이 주제에 있어 서로 연결되어 있습니다. 1장과 6장은 다니엘이 주변의 압박을 거부하고 자신의 신념을 지키는 사건을 다룹니다. 이런 면에서 다니엘은 포로 생활을 하는 자들에게 본이 됩니다. 타협할 것과 타협하지 말 것에 대한 좋은 가이드라인을 제공해 줍니다. 2장과 7장은 4개의 제국을 다룹니다. 3장과 8장은 하나님께 예배드리는 것을 중단시키는 왕들에 대해 다룹니다. 4장과 9장은 각각 7년의 형벌과 70이레의 형벌 계획에 대해 다룹니다. 5장과 10-12장은

각각 장차 임할 종말에 대해 다룹니다.[6]

다니엘서는 모든 열방과 역사를 주관하시는 하나님의 주권을 잘 보여 줍니다. 다니엘서 전반부에서는 역사적 서술을 통해 하나님이 다니엘과 그의 친구들을 어떻게 지켜 주시는지를 보여 줍니다. 그리고 포로기에 있는 이스라엘 백성에게 그들이 다니엘과 그의 친구들처럼 행한다면 하나님이 동일하게 지켜 주실 것이라는 위로를 줍니다.

다니엘서 후반부의 환상들은 앞으로 도래할 하나님 나라에 대해 가르칩니다. 메시아의 지도 아래 하나님의 영원한 나라가 도래하기 전까지 하나님의 백성은 이방 나라들로부터 박해를 받을 것입니다. 하지만 다니엘과 그의 친구들처럼 믿음을 지키고 하나님을 신뢰할 때 하나님은 믿는 자들을 구원하시고 형통하게 해 주실 것입니다. 이방 제국들의 흥망성쇠는 '열방의 국가들은 임시적이고 제한적이나 하나님 나라는 영원할 것'이라는 메시지를 줍니다. 마지막에는 하나님이 악한 세력을 무너뜨리시고 하나님의 백성을 구원해 주실 것입니다.

다니엘서의 묵시는 박해자들에게 멸망을 선언함으로써 고난 중에 있는 하나님의 백성에게 위로를 주기 위해 쓰인 것입니다. 신약에 요한계시록이 있다면, 구약에는 다니엘서가 있습니다. 두 책은 환상, 예언, 상징, 종말의 메시지를 다루기 때문에 신비하고 어렵기도 합니다. 하지만 확실한 것은 세상의 시작과 끝을 주관하시는 분은 하나님이시며, 하나님이 마지막에 승리하신다는 것입니다. 그렇기 때문에 믿는 자들은 오늘도 희망을 가지고 하나님을 신뢰하며 악에게 지지 말고 승리해야 합니다.

## 🖋 다니엘서의 구조

- 1장과 6장: 다니엘이 주변의 압박을 거부하고 신념을 지킨 사건
- 2장과 7장: 4개의 제국
- 3장과 8장: 하나님께 예배드리는 것을 중단시키는 왕들
- 4장과 9장: 7년의 형벌과 70이레의 형벌 계획
- 5장과 10-12장: 장차 임할 종말에 대해

## 🖋 다니엘서의 주요 메시지

- 하나님 나라만이 영원하다
- 최종적으로 하나님의 백성을 구원!

◆ 핵심 단어: 심판, 하나님의 주권, 핍박에 굴하지 않는 믿음, 4개의 제국, 다가오는 종말, 예언적 묵시 문학, 앞으로 도래할 하나님 나라

◆ 핵심 주제: 세상의 시작과 끝을 주관하시는 하나님이 마지막에 승리하신다

▶ 강의 영상

# 28

# 호세아

구약에서 12권의 소선지서를 '12서'라고 부르는데, 그중 첫 번째에 해당하는 책이 바로 호세아서입니다. 선지자 호세아가 활동한 시기는 이스라엘이 남유다와 북이스라엘로 나뉜 지 200여 년이 훌쩍 지난 때입니다. 호세아는 이사야보다는 조금 앞서서, 아모스보다는 조금 늦게 북이스라엘에서 사역하게 되며, 남유다는 웃시야, 요담, 아하스, 히스기야왕 시대에, 북이스라엘은 여로보암 2세 시대에 활동합니다.

이때가 주전 8세기인데, 30-40년 후면 북이스라엘이 앗수르에 의해 멸망함에도 불구하고 당시 정치는 비교적 안정되어 있었고, 경제적으로 풍요로웠고, 국가 영토 팽창 정책으로 나라 전체가 번영을 누리고 있었습니다. 따라서 백성들은 심판이 머지않았다는 것을 전혀 모른 채 살아(왕하 14:25, 28) 사회적, 도덕적 부패가 날로 극심해져 갔으며(호 4:2, 18, 6:8-9, 7:1), 영적으로는 우상을 섬기며 하나님을 점점 외면하고 있었습니다.

하나님은 호세아 선지자를 통해 이러한 관계를 어떻게든 되돌리고자 애쓰십니다. 하나님은 가장 효과적인 방법을 택하셨는데, 바로 호세아의 불행한 결혼에서 불륜을 저지르고 다른 남자를 따라간 아내를 되찾아 오는 과정을 통해 하나님의 심정을 느끼도록 하신 것입니다. 메시지의 핵심은 '자기 백성을 향한 하나님의 신실한 사랑'입니다.

하나님은 "이스라엘 자손이 다른 신을 섬기고 건포도 과자를 즐길지라도 여호와가 그들을 사랑하나니 너[호세아]는 또 가서 타인의 사랑을 받아 음녀가 된 그 여자를 사랑하라"(호 3:1)라고 명하심으로 하나님의 사랑이 어떠한 것인지를 잘 보여주십니다. 은 15개와 보리 한 호멜 반으로 간음한 아내를 되찾아 오며 느낀 아픔으로, 호세아는 마음에서 우러나오는 간절한 메시지를 전합니다. 자기 아내에 대한 호세아의 애정은 이스라엘을 향한 하나님의 애정을 상징합니다. 역으로, 호세아 아내의 간음은 이스라엘 백성의 영적 간음과 하나님과 맺은 언약의 파기를 상징합니다.

호세아서는 크게 두 부분으로 나누어지는데, 1-3장은 호세아와 불륜녀 고멜의 결혼생활에 빗대어 메시지를 전하며, 나머지 4-14장은 북이스라엘과 남유다의 죄와 심판의 메시지를 다룹니다. 1장은 호세아서 전체에 대한 서론일 뿐 아니라 12권 소선지서 전체의 서론 역할을 합니다. 즉 북이스라엘은 죄를 짓고 망할 것이지만 남유다는 긍휼히 여김을 받을 것이며, 언젠가 북이스라엘과 남유다 모두 하나님의 백성으로 회복되어 약속의 땅에 거하게 될 것이라는 계획을 제시합니다. 또한 마지막 때에 이스라엘은 그들의 하나님 여호와를 찾고 그들의 메시아-왕 다윗을 찾을 것이라는 희망을 제시하는데, 이러한 종말론적 계획은 소선지서 전체에 흐르고 있는 중요한 신학적 주제이기도 합니다(호 3:5).

호세아 선지자는 "사마리아 왕은 물 위에 있는 거품같이 멸망할 것"(호 10:7)이라고 예언했는데, 아니나 다를까 사마리아는 수도로서 여로보암 2세 이후 북이스라엘이 멸망하기까지 6명의 왕들 중 4명은 살해를 당하고, 마지막 왕은 앗수르에 잡혀가 옥에 갇히는 신세가 됩니다. 그야말로 호세아는 폭풍 전야에 경고의 사역을 한 것입니다.

그들의 죄의 핵심은 혼합 종교입니다. 여호와만 섬기라는 십계명의 말씀과 타협하여 가나안의 다신들, 그중에서도 엘과 아세라 여신 사이에 태어난 바알 신을 숭배했습니다. 그가 비와 폭풍의 신이며 풍요와 생식력을 주는 재생산의 신이었기 때문입니다. 이스라엘 백성은 하나님을 떠나 끊임없이 바알 신과 매춘 행위를 했습니다. 술 취함(호 4:11, 18), 종교 의식적인 성적 축제(호 4:13-14), 음행, 간음(호 4:17, 11:2), 산당 등의 용어들은 종교적 변절 행위를 상징합니다. "내 백성이 나무에게 묻고"(호 4:12)라는 표현이 나오는데, 하나님은 백성들이 하나님께 오지 않고 나무 우상에게 묻는 모습을 보시고 자신을 버리고 음행했다며 진노하십니다.

호세아는 북이스라엘을 37회에 걸쳐 '에브라임'으로 불렀는데, 이것은 북쪽의 가장 지배적인 지파였던 에브라임에서 유래된 것이며, '벧엘'은 우상 숭배의 본거지로 자주 거론되며 북이스라엘을 대변하는 용어로도 사용됩니다.

'구원'이라는 의미의 이름을 가진 호세아는 의도적으로 과거 이집트에서의 구원의 이미지 속에서 미래에 오실 메시아 시대의 도래를 예언합니다. 메시아는 새로운 모세로서, 과거 이집트에서 이스라엘을 구한 것처럼 다시 미래에 이들을 포로 생활에서 구원하실 것입니다. 호세아는 그들의 죄를 통렬하게 비판하며 심판을 알리고 회개를 촉구하지만, 마지막 장에서 여호와께서는 치유와 관계의 회복과 구원을 약속하십니다. 이것이 하나님의 '헌신적, 인내적 사랑'의 진수입니다.

하나님은 우리 모두에게도 "여호와께로 돌아오라"고 초대하십니다. 호세아는 지혜와 총명이 있는 자는 이러한 하나님의 말씀을 깨닫고 분별하라고 도전합니다. 즉 소선지서 12권의 메시지는 지혜와 총명이 있는 자만이 깨달을 수 있는 것입니다. 이 말씀들을 잘 깨닫게 되시기를 축원합니다.

◆ 핵심 단어: 12서, 혼합 종교, 우상 숭배, 하나님을 외면, 불행한 결혼, 간음, 언약 파기, 하나님의 신실한 사랑, 회복, 약속의 땅, 종말론적 계획, 메시아 시대의 도래

▶ 강의 영상

◆ 핵심 주제: "여호와께로 돌아오라"는 하나님의 말씀을 깨닫고 분별하라

# 29

# 요엘

'요엘'은 '여호와[야웨]께서는 하나님이시다'라는 아주 경건한 뜻을 가진 이름입니다. 이름을 반영이라도 하듯, 요엘서의 핵심 말씀은 "내가 너희 하나님 여호와가 되고, 내가 너희 하나님 여호와인 줄 알리라"입니다(욜 2:27, 3:17).

다른 소선지서들과 다르게 요엘이 활동했던 시대의 왕들의 이름이나 연대를 알 수 있는 정보를 주지 않아 주전 9세기부터 2세기에 이르기까지 학자에 따라 요엘서가 기록된 연대를 다양하게 제시해 왔습니다. 요엘서가 호세아서와 아모스서 사이에 끼어 있으므로 유대인들은 전통적으로 그들과 비슷한 시기일 것으로 간주하기도 하지만, 성경 본문이 연대를 제시하고 있지 않다면 그 자체를 존중하는 것도 중요합니다. 그렇다면 요엘서는 시대를 초월한 메시지를 전달하고 있다고 볼 수 있습니다.

요엘서의 중요 특징과 공헌한 점으로 4가지를 꼽을 수 있습니다.

첫째, '여호와의 날'에 대한 강조입니다. 이것은 종말에 있을 심판의 날을 의미하는 것으로, 책 전체를 하나로 묶어 주는 중요한 주제가 됩니다(욜 1:15, 2:1, 11, 31, 3:14). 2장에서 여호와의 날에 공격이 있을 것이라고 표현하는데, 여기서 군대가 메뚜기 떼로 표현된 것인지, 메뚜기 떼가 군대로 표현된 것인지 묘하게 얽혀 구분하기가 어렵습니다. 하지만 확실한 것은 메뚜기든, 실제 군대든 이 모든 것을 진두지휘하시는 분이 여호와시라는 것입니다. 그러므로 이것을 무찌를 자는 아무도 없습니다.

둘째, 1장에서 '메뚜기 재앙'을 사용하여 선명하고 설득력 있게 '여호와의 날'을 묘사하고 있다는 점입니다. "팥중이가 남긴 것을 메뚜기가 먹고 메뚜기가 남긴 것을 느치가 먹고 느치가 남긴 것을 황충이 먹었도다"(욜 1:4). 한 종류의 메뚜기 떼만 덮쳐도 남아나는 것이 없는데, 네 종류의 메뚜기 떼가 계속해서 덮쳐 그나마 남아 있는 것을 먹어 치운다면 그야말로 초토화되고 말 것입니다.

고대 근동 사회뿐 아니라 작가 펄 벅(Pearl Buck)의 《대지》라는 작품에도 나타나듯, 중국과 아프리카 등 세계 각지에서 일어난 메뚜기 떼의 습격은 농작물에 치명적이었습니다. 이러한 경험을 바탕으로 심판의 날을 메뚜기 재앙으로 표현하는 것은 매우 효과적입니다. 특히 고대 근동에서는 이러한 재앙을 신의 노여움으로 생각했기 때문에 백성들은 어떻게든 여호와의 진노를 풀어 드리기 위해서라도 요엘의 메시지에 귀를 기울였을 것입니다.

셋째, 요엘서는 사도 베드로와 바울에게 중요한 예언서입니다. 신약의 사도행전 2장에서 오순절날 교회가 태동하던 때에 베드로 사도가 전한 메시지에서 인용되고 있는 부분이 바로 요엘서입니다.

다락방에 모여 있던 무리에게 성령이 강림하셔서 그들이 각기 여러 나라의 방언을 말하매 당시 오순절기를 지키기 위해 예루살렘에 모여 있던 무리들이 놀라 어찌 된 일인지를 묻기 시작합니다. 이때 베드로가 설교를 시작하며 다음의 유명한 요엘서의 말씀을 인용하여 오순절 사건이 요엘 예언의 성취임을 선포합니다. "내가 내 영을 만민에게 부어 주리니 너희 자녀들이 장래 일을 말할 것이며 너희 늙은이는 꿈을 꾸며 너희 젊은이는 이상을 볼 것이며 … 누구든지 여호와의 이름을 부르는 자는 구원을 얻으리니"(욜 2:28-32). 당시 베드로의 메시지로 구원을 받고 세례를 받은 자가 3,000명이나 됩니다.

사도 바울도 로마서에서 "누구든지 여호와의 이름을 부르는 자는 구원을 얻으리니"(욜 2:32)라는 요엘서의 말씀을 인용하며 구원의 보편성을 선포합니다(롬 10:13).

넷째, 회개의 중요성을 강조합니다. 요엘 선지자는 백성들, 장로들, 어린이와 젖 먹는 자와 신랑 된 자와 신부 된 자를 모으고, 그들과 함께 제사장들이 성전에서 울고 회개하면 "그때에 여호와께서 자기의 땅을 극진히 사랑하시어 그의 백성을 불쌍히 여기실 것이라"(욜 2:18)라는 메시지로 호소하는데, 이 말씀이 요엘서의 터닝 포인트가 됩니다. 하나님이 그리하면 메뚜기 떼의 피해를 보상해 주겠다고 말씀해 주십니다. 회복과 구원을 약속하십니다. 회개의 힘입니다.

그러나 하나님이 이렇게 해 주시는 이유는 그분이 은혜로우시며 자비로우시며 노하기를 더디 하시며 인애가 크시기 때문이라고 요엘 선지자는 알려 줍니다(욜 2:13). 우리에게도 언제나 회개할 기회를 주시는 하나님을 찬양하며 메뚜기 떼의 습격으로 시작되는 요엘서를 묵상하시기 바랍니다.

> ### 요엘서의 주요 특징
>
> - 여호와의 날 강조
> - 여호와의 날 묘사
> - 신약 사도들에게 중요한 예언서
> - 회개의 중요성 강조

◆ 핵심 단어: 시대를 초월한 메시지, 여호와의 날, 메뚜기 재앙, 모든 것의 통치자 여호와, 여호와의 진노, 베드로와 바울의 메시지, 회개의 힘

▶ 강의 영상

◆ 핵심 주제: 인애가 크신 하나님은 언제나 회개할 기회를 주신다

# 30

# 아모스

오늘날 기독교가 당면한 문제는 무엇입니까? 말씀으로 돌아가는 것, 하나님과의 관계를 재정비할 필요성, 예배의 문제와 잘못된 우선순위를 바로잡는 것, 사회적 약자를 무시하는 것, 거룩하지 않은 삶 등 많은 이슈가 있습니다. 놀라운 것은 주전 8세기의 선지자인 아모스가 당시 북이스라엘을 향해 부르짖었던 비판의 내용이 오늘날 우리 사회에 비추어 보아도 크게 다르지 않다는 것입니다. 그런 의미에서 아모스서는 우리가 현재 당면하고 있는 영적 현실을 조명해 볼 수 있는 아주 좋은 책입니다.

아모스서는 12서 또는 소선지서 중에 세 번째 책이지만 '글을 남긴 선지자들'(Writing Prophets) 중에 연대로는 첫 번째에 속합니다. 아모스는 우리가 잘 알고 있는 호세아, 이사야, 미가 등 유명한 다른 선지자들과 함께 주전 8세기에 활동한 선지자들 중 한 명입니다. 신문을 보면 현대의 정치상, 사회상을 들여다볼 수 있듯, 주전 8세기의 '하나님 일보'인 선지서들을 읽어 보면 당시의 정치상, 사회상, 도덕상 등을 엿볼 수 있습니다.

아모스가 활동하던 시기는 유다 왕 웃시야(주전 792-740년)와 이스라엘 왕 여로보암 2세(주전 793-753년) 때입니다. 이 두 군주의 통치 기간은 40년 이상이었으며, 공존 관계를 유지하며 상업 활동을 했고, 각각의 시대는 전쟁에서의 승리와 영토 확장의 결과로 이전에 없던 경제적 부와 번영을 누린 황금기였습니다. 아모스서의 내용을 보아도 당시는 부와 물질주의가 팽배한 풍요로운 시기였음이 잘 드러나 있습니다(왕하 14:17-15:7). 국제적으로는 이집트와 앗수르가 외적으로 큰 힘을 쓰지 못하고 있던 때라 외세의 위협이 별로 없어 비교적 평화로운 시기였습니다.

아모스는 '지진 전 2년'에 메시지를 받았다고 말합니다. 이 말씀이 기록된 때는 이미 지진을 겪은 후였습니다. 2001년 미국의 9·11테러가 상당한 시간이 지났음에도 우리에게 여전히 끔찍한 기억으로 남아 있듯, 아모스 시대의 지진도 모든 사람의 뇌리에 생생하게 남아 있는 것으로 보아 당시의 큰 뉴스거리였음에 틀림이 없습니다. 심지어 200여 년이란 세월이 지난 후에 스가랴 선지자도 이 지진을 언급할 정도로 대단한 지진이었습니다(슥 14:5). 만약 이 지진이 야딘(Y. Yadin)이라는 고고학자가 하솔 성읍에서 발견한 지진의 흔적과 시대가 일치한다면 주전 760년경이 아모스의 사역 시기에 속합니다.[7] 아모스는 바로 이 지진을 겨냥해서 지진 2년 전 '땅이 떤다', '하나님이 땅을 만져 녹게 하신다'(암 8:8, 9:5, 비교 6:11, 9:1)라는 표현으로 지진을 심판의 경고로 예고합니다.

아모스는 '드고아의 목자'로 소개되는데, 드고아는 예루살렘에서는 남쪽으로 16km 정도 떨어진 곳에 위치한 조그마한 마을입니다. 그는 남유다 사람이지만 북이스라엘에 파송받은 자비량 선교사-예언자이며, '사회 정의를 외치는 하나님의 대변자'라는 별명이 붙었습니다(암 5:7, 15, 24, 6:12). 이것을 반영하는 유명한 구절로, 그가 외친 "오직 정의를 물같이, 공의를 마르지 않는 강같이 흐르게 할지어다"(암 5:24)라는 말씀이 있습니다.

그는 과감하게 북이스라엘의 지도자와 상류층에 맞서 사회적, 도덕적 타락과 붕괴, 정치 파탄과 영적 배교를 지적하며 다가올 심판을 경고합니다. 아모스가 당시 우상 숭배의 본거지인 벧엘의 부패한 제사장이요 정치꾼인 아마샤에게 "나는 선지자가 아니며 선지자의 아들도 아니라 나는 목자요 뽕나무를 재배하는 자로서 양 떼를 따를 때에 여호와께서 나를 데려다가 … 가서 내 백성 이스라엘에게 예언하라 하셨나니"(암 7:14-15)라고 말한 구절은 유명합니다. 이 말은 자신이 선지자 학교를 나온 전문 선지자도 아니고, 현대로 말하자면 신학교를 나오지도 않았고 교단에 속하지도 않은 평신도이기 때문에 종교적 이해관계에 얽힌 기득권층이 아니어서 떳떳하다고 주장한 것입니다. 그만큼 당시 종교 지도자들의 타락도 대단했습니다.

'아모스'라는 이름은 '무거운 짐을 진 자'라는 뜻으로, 그는 이름을 반영하듯 혼자 북이스라엘에 대한 무거운 영적인 짐을 지고 고군분투했습니다. 유대 전승에 따르면, 아마샤 제사장 아들이 아모스를 막대기로 쳐서 죽였다고 알려져 있어, 박해를 당하다가 순교했을 가능성이 높습니다.

아모스서는 문장과 문학적 기교가 뛰어나며 책의 구성도 탁월합니다. 아모스서의 마지막 부분에 "내가[하나님이] 다윗의 무너진 장막을 일으키고"(암 9:11)라는 말씀이 나옵니다. 이것은 다윗 왕가에 대한 약속을 하나님이 기억하시고 메시아를 통해 구원과 회복을 이루어 주실 것에 대한 희망의 메시지를 전한 것이며, 신약의 사도행전에서도 이 말씀이 인용됩니다(암 9:11-12; 행 15:16-17).

호세아가 하나님의 '사랑의 설교자'라면, 아모스는 하나님의 '정의의 설교자'라고 볼 수 있습니다. 진정한 그리스도인들은 결코 사회의 불의를 지나치지 않는다는 것이 아모스 메시지의 핵심입니다. "사회 정의, 그리스도인들이 책임져야 한다!"가 그의 구호라고 할 수 있습니다.

---

◆ 핵심 단어: 영적 현실 조명, 황금기, 지진, 심판의 경고, 자비량 선교사이자 예언자, 하나님의 대변자, 다윗 왕가에 대한 약속, 정의의 설교자

▶ 강의 영상

◆ 핵심 주제: 진정한 그리스도인들은 결코 사회의 불의를 지나치지 않는다

# 오바댜

오바댜서는 구약에서 가장 분량이 적은 책으로, 신약의 유다서와 비교될 수 있습니다. 유다서처럼 사람들에게 많이 알려져 있지 않으며, 신약에서 한 번도 인용이 안 될 정도로 신약 저자들에게 인기가 없는(?) 책입니다. 그러나 이 작은 책이 하나님의 정의와 심판과 구원을 가르치는 데 강력한 메시지를 줍니다.

'오바댜'라는 이름의 뜻은 '여호와의 종' 또는 '여호와를 예배하는 자'입니다. 구약에서 12명 정도의 동일한 이름이 나오지만 이 책을 쓴 저자가 누구였고, 어떤 사람이었으며, 어느 시대 사람이었는지는 책에서 밝히고 있지 않아 추측만 무성합니다. 여호사밧의 아들 여호람의 시대인 주전 9세기부터(왕하 8:20-22) 이스라엘이 바벨론에 의해 멸망한 주전 6세기까지 시대에 대한 다양한 의견이 있으나 확실하지 않습니다. 단지 책의 서두에 "오바댜의 묵시라"(읍 1:1)라고만 기록해 자신의 존재를 드러내기보다는 책 전체가 하나님이 주신 계시의 말씀임을 강조하고 있습니다.

오바댜서는 에돔에게 심판을 경고하는 '국가적 경고'의 예언서입니다. 에돔 족속과 유다 자손의 분쟁 관계는 이삭의 아내인 리브가의 배 속에서 두 아들이 싸울 때로 역사가 거슬러 올라갑니다. "두 국민이 네 태중에 있구나 두 민족이 네 복중에서부터 나누이리라 이 족속이 저 족속보다 강하겠고 큰 자가 어린 자를 섬기리라"(창 25:23)라는 두 형제의 분쟁에 대한 예언은 야곱이 그의 형의 장자권을 빼앗음으로 시작됩니다(창 25:29-34). 에서가 야곱이 준 붉은 죽을 원했다고 해서 '붉다'라는 뜻의 '에돔'이라는 별명을 얻게 되고, 그것이 민족의 이름으로 자리 잡게 됩니다. 에서는 사해 남동쪽에 위치한 세일산에 가서 정착하게 되는데 '세일'의 발음이 '털이 많다'는 뜻의 '에서'와 비슷한 점이 있습니다.

이후에 두 형제는 화해를 하지만(창 32-33장), 이들의 자손인 이스라엘과 에돔 족속은 계속적인 전쟁을 치르며 원수 관계로 남습니다(삼상 14:47; 삼하 8:13-14; 왕상 11:14, 22:47; 대하 25:11-12, 28:17; 시 137:7). "여호와여 예루살렘이 멸망하던 날을 기억하시고 에돔 자손을 치소서 그들의 말이 헐어 버리라 헐어 버리라 그 기초까지 헐어 버리라 하였나이다"라는 시편 137편 7절 말씀은 에돔과 유다의 관계를 단적으로 잘 보여 줍니다. 에돔은 이스라엘이 망하는 것을 기뻐했고 그것을 바랐습니다.

이런 역사적인 배경에서 에돔은 하나님의 백성 이스라엘 민족을 괴롭히는 이방 민족의 상징적 대표로 선택되었으며, 실제로 구약에서는 다른 어떤 이방 민족보다도 에돔에 대한 심판의 메시지가 가장 많이 나옵니다(사 11:14, 34:5-17, 63:1-6; 렘 9:25-26, 25:17-26, 49:7-22; 겔 25:12-14; 암 1:11-12 등). 주전 6세기와 5세기 초 아라비아 북쪽에 살던 나바테 아랍인들이 페트라를 수도로 하고 에돔인들을 쫓아냄에 따라 에돔인들은 나바테인들 속에 흡수되거나 유다 남쪽 지역에 거주하게 되는데, 그 지역을 헬라어로 '이두매', 즉 '에돔 사람의 땅'이라 부릅니다. 마가복음 3장 8절을 보면 '유대와 예루살렘과 이두매'라는 말이 나옵니다.

오바댜는 "심판과 구원"이라는 핵심 주제를 3부로 나누어 전달합니다.

첫째, 하나님의 백성을 괴롭힌 반에돔적 심판의 메시지를 전달하며 에돔의 멸망을 예언합니다. 에돔은 하나님 앞에서의 교만으로 인해 심판받을 것이며, 무엇보다도 그의 형제 국가인 유다에게 한 포학한 행동들 때문에 하나님의 심판을 피할 길이 없습니다. 에돔은 하나님을 대적하는 열방을 대표하며 '여호와의 날', 즉 심판의 날에 그들이 행한 대로 보응을 받을 것이며, 하나님의 분노의 잔을 마시고 이제까지 경험하지 못한 무서운 심판을 경험할 것입니다(옵 1:16). 이것을 통해 하나님의 백성을 위로하고 격려합니다. 그리스도인들도 오바댜서를 읽으며, 하나님 때문에 받는 박해가 있다면 언젠가 하나님이 갚아 주시고 위로해 주실 것을 기대할 수 있습니다.

둘째, '여호와의 날'에 이스라엘은 회복될 것이며, 열방을 심판하는 도구가 될 것이며, 궁극적으로 승리할 것에 대한 구원과 희망의 메시지를 던집니다.

그러나 셋째, 마지막 때에 열방을 향한 여호와의 구원의 메시지도 던지고 있습니다. 여호와께서는 우주적 통치자로서 에돔이 심판을 받지만 메시아의 시대가 열리면 결국 열방이 여호와께 속하므로 이들도 구원과 회복을 경험할 것을 말씀하십니다.

이처럼 분량은 적지만 강렬한 메시지가 집약되어 있는 책이 바로 오바댜서입니다.

---

◆ 핵심 단어: 에돔, 유다 자손, 에서와 야곱, 여호와의 날, 위로와 격려, 심판, 구원, 회복

◆ 핵심 주제: 하나님 때문에 받는 박해가 있다면 언젠가 하나님이 갚아 주시고 위로해 주신다

▶ 강의 영상

# 32

# 요나

요나서는 여러모로 특이합니다. 사람이 물고기 배 속에 들어갔다 살아남은 것, 박 넝쿨이 신기하게 빨리 자란 것, 악한 니느웨 백성이 세상에서 가장 짧은 요나의 한마디 메시지로 다 회개한 것, 선지자가 하나님의 명령으로부터 도망가려는 발상을한 것 등의 사건들이 일어납니다. 그렇기 때문에 학자에 따라요나서를 '풍자 이야기'로 보기도 하고, 교훈을 담은 '우화'로보기도 하고, '상징적 비유'로 보기도 하고, 종교적 진리를 전달하는 '미드라쉬'(Midrash)로 보기도 합니다. 그러나 전통 보수주의 학자들은 예수님이 '요나가 밤낮 사흘 동안 큰 물고기 배속에 있었다'는 것을 역사적으로 보셨기 때문에 요나서를 역사적 사실로 받아들입니다(마 12:40-41).

  책의 주인공이 요나이기는 하나 저자가 누구인지 구체적으로 밝히고 있지 않기 때문에 책이 쓰인 연대에 대해서도 의견이 분분합니다. 그러나 성경에서 요나는 열왕기하 14장 25절에 여로보암 2세(주전 793-753년) 때 활동했던 8세기의 선지자로 소개됩니다. 호세아, 아모스도 비슷한 시기에 활동했을 것입니다. 요나가 북이스라엘 국가에 한 예언대로 여로보암 2세는 과거 다윗과 솔로몬 시대에 속했던 많은 영토를 회복함으로 전례 없는 경제적 부흥과 번영을 누리게 됩니다.

많은 학자는 요나가 니느웨에 가기를 거부한 것을 통해 그를 국수주의적이고 배타적 신앙을 가진 자라고 평가하고, 하나님이 그를 이방 나라의 선교사로 보내신 것은 이런 편협한 신앙을 고치시기 위한 목적이 있었다고 보기도 합니다. 또한 니느웨가 침체기를 겪고 있어 잠잠하지만, 언제 또 북이스라엘을 점령할지 모른다는 데 대한 두려움도 요나가 가기를 거부한 이유로 작동했을 것입니다.

니느웨는 고대 앗수르 제국의 수도로서, 티그리스강 상류, 이라크의 현대 도시인 모술의 외곽에 위치해 있습니다. 바그다드로부터 북으로 약 40km 떨어진 모술은 티그리스강의 서쪽에 있는데 강만 건너면 니느웨입니다. 현재 폐허로 남아 있는 니느웨의 주위는 과거 장방형의 성벽으로 둘러싸여 있었으며 그 길이는 10km가 넘었습니다. 성벽은 외벽과 내벽으로 구성되어 있었는데, 내벽은 높이가 30m이며 너비가 15m여서 4대 이상의 쌍두마차가 그 위를 한꺼번에 달릴 수 있었습니다.

요나서는 첫째, 하나님의 주권을 가르쳐 줍니다. 요나서에서 여호와께서는 처음과 마지막에 주도권을 가지고 말씀하시며 (욘 1:1-2, 4:11), 요나에게 "일어나라"라고 2회 명하시며(욘 1:2, 3:2), 큰 바람을 바다 가운데 보내시며(욘 1:4), 큰 물고기를 예비하시며(욘 1:17), 물고기에게 명해 요나를 토하게 하시며(욘 2:10), 니느웨의 회개를 보고 재앙을 내리지 아니하시며(욘 3:10), 박 넝쿨을 예비하시며(욘 4:6), 벌레를 예비하사 박 넝쿨을 갉아먹게 하시며(욘 4:7), 뜨거운 동풍을 예비하사 요나 머리에 쪼이게 하십니다(욘 4:8). 이 모든 것을 주도하신 분은 여호와이십니다. 누구도 하나님의 계획을 좌절시키지는 못합니다. 요나의 불순종에도 불구하고 하나님은 뜻을 이루십니다.

둘째, 하나님은 부르짖는 자의 기도를 들으신다는 사실을 가르쳐 줍니다. 하나님은 이방인 사공들이 부르짖을 때에 기도를 들으셨고, 요나가 물고기 배 속에서 기도했을 때에도 기도를 들으셨습니다. 여호와께서는 자기를 찾는 자들에게 응답하십니다. 이방인이든 선지자든 차별을 두지 않으십니다. 요나는 차별을 원했지만, 여호와께서는 차별을 두지 않으시는 분임을 가르쳐 줍니다.

셋째, 이방인들을 향한 하나님의 사랑을 보여 줍니다. 하나님이 이스라엘을 선교의 통로가 되도록 부르셨으나 거부하는 요나를 통해 그 사명을 거부하는 이스라엘의 모습을 보여 줍니다. 이스라엘은 신실하지 못했지만, 하나님은 반항하는 선지자를 통해서라도 구원의 메시지를 전하십니다. "구원은 여호와께

속하였나이다"(욘 2:9)라는 요나의 고백은 요나서의 주제를 잘 나타냅니다. 덕분에 니느웨는 심판의 위기를 면하게 됩니다.

넷째, 오바댜서와 비교해 보면, 오바댜는 '하나님의 백성을 대적하는 나라는 심판을 받는다'는 메시지를 전달하는 반면, 요나는 '하나님의 말씀을 청종하는 나라는 심판이 계획되었을지라도 바꿀 수 있다'는 메시지를 전하여 서로 보완적인 역할을 합니다. 하나님의 열방을 향한 원리를 가르쳐 줍니다.

다섯째, 하나님은 요나를 향한 교훈과 질책을 통해 하나님의 백성에 대한 교훈과 질책을 주십니다. 요나서의 절정은 마지막 4장입니다. 요나는 하나님이 은총으로 주신 박 넝쿨로 인한 안위는 취하면서, 니느웨에 대해서는 하나님이 은총을 베푸시는 것에 대해 분노합니다. 하나님은 박 넝쿨을 제거하셔서 베풀었던 은총을 철회하시며 이스라엘에 대한 경고를 주십니다. 하나님이 원하시는 자에게 주시는 하나님의 주권적 은총의 권리를 보여 주십니다. 하나님의 은총은 원하면서 그것이 다른 사람에게, 다른 민족에게 가는 것에는 불만을 갖지 않았는지 요나서를 읽으며 돌아보시기를 바랍니다.

◆ 핵심 단어: 역사적 사실, 니느웨, 요나의 거부, 기도 응답, 구원의 메시지, 하나님의 주권적 은총의 권리

◆ 핵심 주제: 하나님의 말씀을 청종하는 나라는 심판이 계획되었을지라도 바꿀 수 있다

▶ 강의 영상

# 33

# 미가

'미가'는 '미가야'의 약어로, '누가 여호와와 같은가?'라는 의미를 가지고 있습니다. 미가서는 이러한 이름 뜻을 보여 주기라도 하듯, "주와 같은 신이 어디 있으리이까"(미 7:18)라는 질문을 하며 심판하시는 여호와의 능력과 용서하시는 여호와의 양면을 모두 보여 줍니다. 미가 선지자는 유다의 왕들 요담과 아하스와 히스기야 시대인 주전 8세기 후반에 활동했으며, 이사야 선지자와 동시대 인물입니다. 또한 예루살렘에서 남서쪽으로 약 40km 떨어진 곳에 위치한 모레셋 사람이며, 유다와 북이스라엘 두 나라 모두에게 메시지를 전한 선지자입니다.

미가 선지자의 시대로부터 약 100년이 지난 예레미야 시대에, 장로들이 미가 3장 12절을 인용하며 미가도 당시 예레미야와 비슷한 내용을 예언했다고 말함으로써 예레미야가 목숨을 건진 사건이 있었습니다(렘 26:17-19). 이것은 선배 선지자 덕분에 후배 선지자가 위기를 모면한 경우이기도 하지만, 미가서가 권위 있는 하나님의 말씀으로 보존되고 인정되어 왔음을 알 수 있게 해 주는 대목입니다.

"베들레헴 에브라다야 너는 유다 족속 중에 작을지라도 이스라엘을 다스릴 자가 네게서 내게로 나올 것이라"라는 미가 5장 2절 말씀은 예수님의 탄생지를 예언한 것으로 유명합니다. 마태복음에서 헤롯왕은 동방 박사들의 방문을 받고 대제사장과 서기관들을 불러 예수님의 탄생지를 찾아보라고 했는데, 그들은 미가서를 보고 베들레헴을 찾아냅니다. 이 말씀 때문에 헤롯은 나중에 동방 박사들이 그냥 돌아간 것을 알고, 베들레헴과 그 지경에 있는 2세 이하의 사내아이들을 다 죽이는 참사를 일으킵니다.

미가는 앗수르라는 나라가 한창 북이스라엘과 유다를 위협하던 시기에 활동했습니다. 결국 북이스라엘은 앗수르의 살만에셀왕에 의해 주전 722년에 망하게 됩니다(왕하 17장). 또한 유다의 히스기야왕 때는 앗수르 왕 산헤립이 유다의 수도인 예루살렘을 에워싸고 정복을 시도하지만 하나님의 간섭하심으로 위기를 모면하기도 합니다(왕하 19장). 미가가 활동한 시기는 이렇게 국제 정세가 불안하고 사회적으로 혼란스러운 때였습니다. 주전 8세기 초의 경제적 부흥은 계층 간 분열을 일으켰고, 사회의 도덕적 부패로 이어졌으며, 시장 경제는 불의로 가득했으며, 상류층의 부정과 죄악은 심판의 메시지를 자초했습니다. 미가서는 이러한 사회를 바라보며 정의를 부르짖고, 진실된 도덕성의 각성과 예배의 회복을 강조합니다.

미가서에서 가장 유명한 구절은 6장 8절입니다. "여호와께서 네게 구하시는 것은 오직 정의를 행하며 인자를 사랑하며 겸손하게 네 하나님과 함께 행하는 것이 아니냐." 이렇듯 미가 선지자는 사회 부조리와 도덕의 붕괴와 피상적 예배에 대한 하나님의 진노의 메시지를 전합니다. 이것 때문에 도시들이 황폐해질 것이며 주민들은 결국 포로로 잡혀갈 것을 예언합니다(미 1:10-16). 또한 하나님이 땅의 풍요를 거두어 가시고 사회적, 경제적으로 심판을 꾀하실 것이며(미 6:13-16), 나라 전반에 걸쳐 총체적으로 손보실 것이라고 전합니다.

그러나 심판의 메시지가 절망으로 끝나지는 않습니다. "주께서 옛적에 우리 조상들에게 맹세하신 대로 야곱에게 성실을 베푸시며 아브라함에게 인애를 더하시리이다"(미 7:20)라는 말씀으로, 하나님이 아브라함과의 언약을 기억하시고 인애를 베풀어 주실 것이라는 희망과 구원의 메시지로 마지막을 마치기 때문입니다.

일반적으로 미가와 이사야는 자주 비교가 됩니다. 미가는 서민을 위한 사역을 했으며, 이사야는 주로 수도권의 왕과 귀족층을 위한 사역을 했습니다. 그러나 둘 다 앗수르의 침략을 예언했으며, 앗수르에게 유다는 구원받지만 바벨론에게는 망할 것을 예언합니다. 또한 두 사람 모두 예배가 형식적이고 종교적인 의식으로 전락하는 것에 대해 신랄하게 비판했다는 공통점이 있습니다.

　미가서의 사회상은 현재 우리의 사회상과 크게 다르지 않습니다. 사회 정의가 실현되는 사회, 일터, 정부, 나라가 될 때 하나님의 축복을 기대할 수 있을 것입니다.

## 오늘날과 비슷한 미가서의 배경

- 계층 간 분열
- 도덕적 부패
- 불의가 가득한 시장 경제
- 상류층의 부정과 죄악

## 미가와 이사야 비교

- 차이점
  - 미가: 서민을 위한 사역
  - 이사야: 주로 수도권의 왕과 귀족층을 위한 사역
- 공통점
  - 앗수르의 침략 예언
  - 예배가 형식적이고 종교적인 의식으로 전락하는 것을 신랄하게 비판

◆ 핵심 단어: 예수님의 탄생지 예언, 혼란기, 정의, 도덕성, 예배 회복, 하나님의 진노의 메시지, 희망과 구원의 메시지, 서민을 위한 사역

◆ 핵심 주제: 심판하시는 여호와의 능력과 용서하시는 여호와

▶ 강의 영상

# 나훔

나훔서의 주제는 "악의 상징인 앗수르 나라의 심판과 멸망의 선포"입니다. '나훔'은 선지자의 이름으로, '위로'라는 뜻이며 책의 내용과 연관이 있습니다. 유다를 계속 괴롭혀 왔고 북이스라엘을 정복한 무서운 적국 앗수르가 곧 멸망할 것이라는 큰 '위로'의 메시지를 나훔이 전달하기 때문입니다. 또한 사람들이 앗수르의 수도인 니느웨가 멸망하는 것을 보며 "내가 어디서 너[니느웨]를 위로할 자를 구하리요"(나 3:7)라는 말을 하는데, 이는 니느웨의 멸망을 동정의 눈으로 볼 자는 아무도 없다는 조롱의 말입니다. 여기에서도 나훔 선지자의 이름을 상기시키는 '위로'라는 말이 사용됩니다.

니느웨는 오래전 요나가 심판의 메시지를 전했을 때 회개함으로 위기를 넘깁니다. 그러나 1세기가 지나고 다시 죄악이 가득해져 나훔이 예언할 시대가 되었을 때 그들은 전혀 회개하지 않습니다. 나훔은 그들의 멸망이 이제 불가피하다고 예언합니다. 그렇기 때문에 니느웨의 구원에 불만을 품었던 요나가 구약 성경 중에서 가장 사랑했을 책이 나훔서일 것이라는 농담도 있습니다.

나훔의 활동 연대가 정확히 나와 있지 않지만, 니느웨의 멸망을 알리는 경고의 메시지이므로 니느웨가 멸망한 주전 612년 이전인 것만은 분명합니다. 또한 본문에 이집트의 도시 노아몬이 앗수르에 의해 이미 파괴된 것을 기록하고 있는데(나 3:8-10), 그 사건은 주전 663년에 일어났으므로 나훔은 주전 663년과 612년 사이에 활동했음을 알 수 있습니다.

'노아몬'은 이집트의 태양신인 '아몬의 성읍(노)'이라는 뜻으로, 주전 2000년부터 663년까지 이집트의 중심 도시로서, 특히 상부 이집트(Upper Egypt)의 수도 역할을 했습니다. 노아몬의 헬라어 이름은 '테베'(Thebes)였으며, 나중에 '룩소'로 불립니다. 노아몬은 나일강을 중심으로 동쪽에서 태양이 떠오르므로, 동쪽에 카르낙 신전과 룩소 신전 등 거대한 신전 유적이 남아 있습니다. 반면, 서쪽에는 주로 왕과 여왕들의 무덤이 있고 유명했던 하트셉수트 장제전도 있어 세계 최고의 유적 도시로 꼽히면서 현재 이집트의 주요 관광 명소 중 하나이기도 합니다.

이렇게 오래된 역사와 전통과 위용을 자랑했던 노아몬도 앗수르에 의해 무너졌습니다. 저자는 이 사건을 통해 노아몬의 운명이 앗수르 자신의 운명이 될 것임을 예언합니다.

소선지서 중에서 다른 이방 국가들에 대한 심판을 주요 주제로 다루고 있는 책은 하박국서, 오바댜서, 나훔서입니다. 이들은 전형적으로 하나님의 백성을 괴롭혀 왔던 나라들을 다룹니다. 하박국서는 바벨론에 대해, 오바댜서는 에돔에 대해, 나훔서는 앗수르에 대해서 다룹니다. 특히 대부분의 선지서는 회개를 촉구하는 메시지를 보내는 반면, 나훔서는 그런 내용이 전혀 없고 심판을 선포하는 메시지로만 끝난다는 특징이 있습니다.

또한 니느웨성의 멸망에 대해 시청각적으로 실감 나고 생동감 넘치는 묘사를 한다는 것도 이 책의 특징입니다. "획획 하는 채찍 소리, 윙윙 하는 병거 바퀴 소리, 뛰는 말, 달리는 병거, 충돌하는 기병, 번쩍이는 칼, 번개 같은 창, 죽임당한 자의 떼, 주검의 큰 무더기, 무수한 시체여 사람이 그 시체에 걸려 넘어지니"(나 3:2-3) 등의 표현은 한때 여러 세기 동안 고대 근동을 휩쓸며 많은 성읍을 피로 물들이고 시체를 더미로 쌓아 놓고 자랑했던 니느웨가 자신들이 한 일을 똑같이 고스란히 당하는 처참한 광경을 묘사합니다.

그들은 피부를 벗겨 성벽에 바르고, 사람 머리를 모아 기둥을 만들고, 얼굴과 신체의 일부를 자르고 내장과 식도를 꺼내 길을 덮는 등 야만적이고 잔인한 행위를 하고 통치했던 것으로 알려져 있습니다. 그러나 심판 때에는 니느웨에서 시체에 걸려 넘어지지 않고는 거리를 다닐 수 없을 만큼 전멸할 것임을 예언합니다.

나훔서에서 앗수르의 수도인 니느웨는 종말론적인 악의 상징으로, "여호와를 대적하는 모든 악은 궁극적으로 심판을 받는다"는 주제를 담고 있습니다. 현재는 폐허로 남아 있지만 1842년 고고학자들의 발굴에 의하면, 니느웨는 약 30만 명의 인구를 수용할 수 있을 정도의 거대한 도시였습니다. 너비 42m, 깊이 18m인 호수가 성벽 주위를 둘러싸고 있었습니다. 이렇게 튼튼했던 니느웨가 주전 612년에 메대와 바벨론 연합군에 의해 점령당합니다. 이것을 통해서 이스라엘의 하나님은 한 국가에 국한된 신이 아닌 열방의 운명을 결정짓는 주권자임을 보여 주시며, 악에 대해 보복하고 심판하는 여호와의 속성을 분명하게 가르치십니다.

하나님의 인내를 무능으로 오해해서는 안 됩니다. 악한 자에 대한 심판은 곧 의로운 자에게 베푸시는 구원을 의미하기도 합니다. 나훔은 "화평을 전하는 자의 발"(나 1:15)의 메시지를 전하며 하나님의 백성으로 살아가기 때문에 겪어야 하는 어려움을 이겨 낼 수 있는 에너지와 저력을 주며, 하나님은 자기 백성을 위해 명예 회복을 시켜 주신다는 큰 위로를 줍니다. 이미 여호와를 의지하는 자들은 어떠한 심판이 와도 두려워하거나 염려할 필요가 없음을 가르쳐 줍니다. 나훔서를 읽으며 많은 '위로'를 받으시기를 축복합니다.

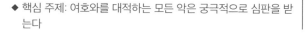

◆ 핵심 단어: 앗수르, 니느웨, 멸망, 위로, 요나, 노아몬, 이방 국가에 대한 심판, 시청각적인 묘사, 하나님은 열방의 운명을 결정짓는 주권자

◆ 핵심 주제: 여호와를 대적하는 모든 악은 궁극적으로 심판을 받는다

▶ 강의 영상

# 35

# 하박국

나훔서가 앗수르의 멸망을 다루었다면, 하박국서는 바벨론의 멸망을 다룹니다. 둘 다 이스라엘 적국들의 멸망을 다루었다는 점에서는 공통점이 있습니다. 하박국 선지자에 대해서는 별로 알려진 정보가 없습니다. 그의 이름은 '껴안는 자'라는 뜻으로, 하나님과의 질의응답을 통해 어려운 문제를 껴안고 씨름하고, 그러다가 결국 하나님의 사랑을 깨닫고 하나님을 껴안는다는 의미에서 본문과 연결시켜 볼 수 있습니다. 하박국서는 선지서에 속하지만 장르로는 지혜 문학서나 시편과 비슷한 면이 있습니다.

앗술바니팔은 주전 668년에 앗수르 왕국이 최고의 영화를 누리는 시기에 등극합니다. 그러나 곧 주전 650년대 중반부터 내란과 이집트의 반란 등이 터지면서 나라가 기울기 시작합니다. 주전 627년 그가 사망하고 갈대아인들이 신바벨론 독립 국가를 세우고 나보폴라살이 왕이 되어 결국 앗수르를 멸망시키며, 신바벨론 제국은 후에 느부갓네살에게 넘겨집니다. 유다에서는 이때가 요시야왕이 영적 개혁의 깃발을 들기 시작한 시기입니다. 하박국 선지자는 앗수르의 힘이 기울어 가는 시기에 사역을 시작합니다.

'갈대아인'들은 원래 바벨론 남부에 살던 주민을 지칭하던 말인데, 이들이 앗수르의 도시였던 바벨론을 통치하게 되면서 '갈대아'라는 말과 '바벨론'이라는 말이 동일시됩니다(사 43:14). "거룩하신 하나님이 악한 갈대아인들을 도구로 삼아 유다를 심판하실 것을 예언하는 것"이 하박국서의 주제라고 할 수 있습니다.

하박국은 하나님과의 질의응답식 대화를 통해 메시지를 전하는 특징이 있습니다. 먼저 그는 악한 유다를 심판하지 않으시는 하나님에 대한 불만으로 이야기를 시작합니다. 하나님은 더 악한 바벨론 왕국을 사용하여 유다를 심판하겠다는 답을 주십니다. 거기에 대해 그는 어떻게 그러실 수 있냐며 또 다른 의문을 제시합니다. 사악한 국가가 번영하는 것과 하나님의 공의에 대해서도 의문을 제기합니다.

하나님은 여기에 대해 정하신 때를 기다리면 사악한 나라 바벨론도 자신들의 죗값으로 궁극적으로 심판을 받을 것이라고 말씀하십니다. 그러면서 믿는 자가 어떻게 살아야 하는지를 가르쳐 주시며 "의인은 그의 믿음으로 말미암아 살리라"(합 2:4)

라는 유명한 말씀을 주십니다. 의인은 하나님의 말씀이 성취되는 때를 기다리고, 말씀을 신뢰하며 믿음으로 살아가는 자입니다. 하박국서의 이 말씀은 신약의 로마서, 갈라디아서, 히브리서에서 3회에 걸쳐 인용됩니다(롬 1:17; 갈 3:11; 히 10:38). "의인은 믿음으로 산다"는 말씀은 구약이 원조입니다.

이러한 하나님과의 대화와 만남은 하박국을 변화시킵니다. 처음에 그는 의심과 혼돈을 갖고 질문을 시작하지만, 끝날 때는 헌신과 확신으로 마칩니다. 하나님에 대한 질문으로 시작하지만, 마지막은 하나님께 드리는 중보 기도로 마칩니다. 근심은 예배로 전환되며, 두려움은 믿음으로 승화되며, 공포는 신뢰로 바뀌며, 절망은 희망으로, 비통은 경배로 바뀝니다. 질문으로 시작하지만 마지막은 감탄사로 마칩니다. "왜?"라는 질문이 "누구!"라는 답으로 해결됩니다. "왜 이런 문제들이 있는 것입니까?"라는 질문에서 시작하여 "누가 이 모든 것을 주관하고 계시는가?"에 대한 고백으로 마칩니다. 그 주관자는 바로 '하나님'이십니다.[8]

하박국은 거룩하신 하나님(합 1:12, 3:3), 반석이신 하나님(합 1:12), 만국의 주권자 되신 하나님(합 1:6, 3:6, 12), 기도에 응답하시는 하나님(합 2:1-2), 그분의 백성을 구원하시는 하나님(합 3:13, 19), 역사를 주관하시는 하나님(합 2:3) 등 다양한 하나님의 속성에 대해 가르쳐 줍니다. 그리고 마지막은 하나님을 신뢰하면서, 우리에게도 익숙하고 애송되는 이 구절로 마칩니다. "비록 무화과나무가 무성하지 못하며 포도나무에 열매가 없으며 감람나무에 소출이 없으며 밭에 먹을 것이 없으며 우리에 양이 없으며 외양간에 소가 없을지라도 나는 여호와로 말미암아 즐거워하며 나의 구원의 하나님으로 말미암아 기뻐하리로다 주 여호와는 나의 힘이시라 나의 발을 사슴과 같게 하사 나를 나의 높은 곳으로 다니게 하시리로다"(합 3:17-19).

이 노래는 하박국 선지자가 절체절명의 국가적 멸망의 위기에 놓여 있었을 때 부른 것입니다. 곧 바벨론이 쳐들어올 것이고, 나라는 황폐해질 것이고, 많은 사람이 죽임을 당하거나 포로로 끌려갈 것입니다. 그것이 하나님의 계획입니다. 그는 온몸이 떨리는 경험을 하지만, 기뻐할 이유 하나를 발견합니다. 여호와로 인하여 즐거워하며 구원의 하나님으로 인하여 기뻐할 수 있다는 것입니다. 그분은 신뢰하는 자들에게 소생하는 힘과 활력을 주실 것이기 때문입니다. 하박국은 여호와를 신뢰하기로 작정합니다. 현재 절망의 늪과 덫에 있는 것처럼 느끼신다면 이 찬양의 기도를 통해 하박국 선지자와 동일한 고백을 하실 수 있기를 바랍니다.

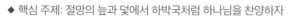

◆ 핵심 단어: 바벨론, 멸망, 갈대아, 질의응답식 대화, 불만, 의문, 하나님의 공의, 의인은 믿음으로 산다, 주관자, 다양한 하나님의 속성

▶ 강의 영상

◆ 핵심 주제: 절망의 늪과 덫에서 하박국처럼 하나님을 찬양하자

# 36

# 스바냐

스바냐라는 책의 제목은 선지자 스바냐의 이름을 따서 지었으며, '여호와께서 숨기신다'는 의미를 가지고 있습니다. "너희가 혹시 여호와의 분노의 날에 숨김을 얻으리라"라는 2장 3절 말씀을 상기시키는 이름입니다. 스바냐는 4대를 거슬러 올라가는 족보가 가장 자세히 소개되고 있는 선지자입니다. "스바냐는 히스기야의 현손이요 아마랴의 증손이요 그다랴의 손자요 구시의 아들이었더라"(습 1:1). 세 사람의 이름은 익숙하지 않지만, 히스기야가 우리가 아는 유다 왕 히스기야가 맞다면 스바냐는 왕족 출신입니다. 예레미야와는 활동 시기가 거의 비슷합니다.

스바냐는 유다가 므낫세왕의 55년에 걸친 장기간의 통치(주전 697-642년)를 벗어나 아몬왕 이후 요시야왕 시대(주전 640-609년)에 사역을 시작합니다. 스바냐가 앗수르의 수도인 니느웨를 언급한 것으로 보아, 니느웨가 망한 주전 612년 이전에 그의 사역이 이루어졌습니다(습 2:13). 므낫세는 악한 왕의 대명사였으나 요시야왕은 의로운 왕입니다. 요시야왕이 뒤늦게 영적 개혁을 단행하지만, 이미 유다가 영적으로 너무 오랜 시간 타락해 있었기 때문에 하나님이 유다를 멸망시키기로 작정하신 계획을 변경시키기에는 늦었습니다. 스바냐는 이런 상황에서 종말의 날인 '여호와의 날'을 예언하며 유다 백성의 마음을 준비시킵니다.

스바냐는 사회 및 종교 지도자들을 신랄하게 비판합니다. 백성들을 올바로 이끌어야 할 지도자들을 오히려 백성들을 뜯어먹고 살육하는 맹수로 비유합니다. 방백들은 먹이를 찾아다니며 부르짖는 사자와 같고, 정의를 실천해야 할 재판장들은 밤의 이리로 둔갑해 대낮에 해야 할 재판을 뇌물과 비리를 통해 밤중에 결론을 내는 자들입니다. 악한 일은 처리를 어찌나 깔끔하게 하는지, 이튿날 아침까지 남겨 두는 것이 없습니다. 그들은 범죄를 퇴치하는 자들이 아니라, 범죄의 프로페셔널입니다. 종교 지도자들도 예외가 아닙니다. 그들은 하나님의 종이 아니라 하나님을 이용하여 먹고사는 자들이며, 계시의 말씀을 자신의 의견으로 대치하는 자들이며, 오히려 성소를 더럽히는 자들입니다.

'여호와의 날'로 불리는 종말의 날에는 하나님의 백성만 심판을 받는 것이 아니라 모든 열방이 심판대에 오릅니다. 본문에 언급된 블레셋, 모압, 암몬, 구스, 앗수르는 전형적으로 유다를 괴롭혀 온 나라들로, 모든 열방을 대표하여 기록된 것입니다. 그때에는 우주적이고 보편적인 심판이 진행될 것입니다(습 1:2). 그러나 모든 심판은 파괴와 멸망이 아니라, 모든 죄악을 제거하는 데 궁극적인 목적이 있습니다("제거하여 네가 나의 성산에서 다시는 교만하지 않게 할 것임이라", 습 3:11).

일단 심판으로 정리가 된 후에는 여호와께서 열방과 유다 백성을 구원하시고 모든 명예를 회복시켜 주실 것입니다. 그러므로 끝까지 신앙을 지키고 타협하지 않는 신실한 자가 될 것을 격려합니다. 여호와의 날이 지나고 나면 그들은 보호를 받을 것이고 구원의 기쁨을 노래할 것입니다("전심으로 기뻐하며 즐거워할지어다", 습 3:14).

스바냐서는 유다 백성에게 여호와의 날을 준비시키면서 구원의 희망을 잃지 않을 것을 격려하기 위하여 쓰였습니다. 스바냐서에서 '남은 자'는 신실한 자를 가리킵니다(습 2:9, 3:13). 그에게는 하나님이 기업을 주실 것입니다(습 2:9).

현대에 '남은 자'는 상황에 관계없이 자신의 신앙을 끝까지 지키고 승리한 자를 의미합니다. 힘들다고 하나님을 원망하거나 세상과 타협하거나 신앙의 계속적인 성장을 포기하는 모습을 보인다면 남은 자의 대열에서 벗어나는 것입니다. 믿는 자는 말씀을 붙들고 복음을 위해 중도에 포기하지 않고 사명을 완수하는 자이며, 그것이 남은 자의 모습입니다. 스바냐서를 묵상하며 여호와의 진노의 날에 '숨김을 얻는' 모두가 되시기를 축원합니다.

## 스바냐서의 메시지

- 사회 및 종교 지도자들의 부패 비판
- 열방을 향한 심판과 구원

## 남은 자

- 신실한 자
- 끝까지 신앙을 지킨 자
- 사명을 완수하는 자

◆ 핵심 단어: 왕족, 신랄하게 비판, 여호와의 날, 전 우주적, 보편적 심판, 죄악을 제거, 명예 회복, 남은 자, 사명 완수

◆ 핵심 주제: 끝까지 신앙을 지키고 타협하지 않는 신실한 '남은 자'가 되자

▶ 강의 영상

# 37

# 학개

학개서, 스가랴서, 말라기서는 포로기 이후 페르시아 시대를 배경으로 한 구약 선지 문학입니다. 학개와 스가랴는 동시대 인물로, 페르시아의 세 번째 왕 다리오 1세(주전 522-486년) 때에 서로 힘을 합쳐 예루살렘 성전을 건축하는 일을 독려합니다.

다리오 1세는 역사적으로 주전 490년에 마라톤 평원에서 아테네군과 싸워 군사적 수의 우세에도 불구하고 아테네의 전술적 전략에 밀려 패배한 왕입니다. 그때 아테네의 한 병사가 승리의 소식을 알리기 위해 마라톤 평원에서 아테네까지 뛰어가 "승리했으니 항복하지 말라"라는 소식만 알리고 절명한 것이 계기가 되어, 오늘날 마라톤 경기가 그때 뛴 거리인 42.195km가 되었습니다. 다리오 1세의 아들은 크세르크세스 1세로, 고대 페르시아의 왕위를 그리스식으로 표현한 '크세르크세스'는 '영웅들의 통치자'란 뜻입니다. 이 왕이 구약에 나오는 에스더의 남편이자 히브리식 발음으로 아하수에로왕이라는(주전 486-465) 데 대체로 의견이 모아지고 있습니다.

학개서는 예언의 메시지를 전한 날짜들이 구체적으로 기록되어 있어서 구약에서 가장 연대가 정확한 책이라고 할 수 있습니다. 다리오왕 통치 기간 제2년 여섯째 달 초하루, 일곱째 달 21일, 아홉째 달 24일까지 약 4개월에 걸쳐 여호와께서 주신 4회의 메시지를 기록합니다. 이때가 주전 520년입니다. 그 당시 스룹바벨은 유다의 총독이었으며 여호수아가 대제사장이었습니다.

학개는 무거운 임무를 맡았습니다. 다른 선지자들은 메시지만 전하면 되었는데 학개는 눈에 보이는 성과를 내야 했습니다. 바로 66년 전에 파괴된 성전을 재건하는 일입니다. 포로기 이후 페르시아 시대에 제국에 흩어져 살던 이스라엘 디아스포라들이 예루살렘에 귀환하여 살고 있었습니다. 학개는 각자 자기 집 짓기에만 바쁘고 하나님의 일에 무관심한 백성들에게 동기 부여를 하며 그들이 영적인 우선순위를 확립하도록 일깨워 줍니다. 성전 건축은 여호와께 드리는 예배를 회복하는 일이며, 하나님의 왕국과 메시아 시대의 도래를 여는 것을 의미하기 때문입니다. 그들의 삶이 어려웠던 것은 성전을 건축하는 일에 우선순위를 두지 않았기 때문임을 보여 줍니다.

단 23일 만에 이처럼 즉각적이고 실천적 반응을 일으킨 설교는 드뭅니다. 총독 스룹바벨과 대제사장 여호수아와 백성들은 선지자의 메시지를 청종하며 여호와를 경외함으로 같은 달 24일에 즉각 하나님의 성전 공사를 시작합니다. 하나님이 그들을 감동시키신 결과입니다(학 1:15). 그들의 이러한 반응은 하나님의 축복을 얻기 위해서 어떻게 해야 하는지를 우리에게도 모범적으로 잘 보여 줍니다. 우선순위를 잘 결정하라는 것입니다. 그러나 학개의 메시지를 현대에 교회 건축에 대한 동기 부여를 하기 위해 그대로 대입하는 것은 주의해야 합니다. 당시의 성전의 의미와 현대의 교회 건축은 전혀 다른 영적인 의미와 무게를 가지고 있기 때문입니다.

학개는 4회에 걸친 메시지를 통해 성전 건축을 촉구하며 축복의 약속과 다윗 왕국의 회복과 메시아에 대한 기대를 예언합니다.

에스라 6장을 보면 다리오왕이 조서를 내려 성전을 건축할 재정과 제사드릴 제물을 공급해 주는 내용이 나옵니다. 덕분에 다리오왕 제6년 아달월 3일에 성전 건축을 마쳤다는 기록이 나옵니다(스 6:14-15). 학개서에서 메시지를 시작한 날이 다리오왕 제2년이므로 4년 만에 성전이 완성된 것입니다. 이때가 주전 516년이므로 예루살렘 성전이 파괴된 주전 586년으로부터 정확히 70년이 지난 후 성전이 다시 지어진 것입니다. 많은 학자는 이때를 70년의 포로 생활이 상징적으로 마감된 때로 봅니다. 이 성전은 스룹바벨의 리더십 아래 완공되었다고 해서 '스룹바벨 성전'이라 부릅니다.

'학개'는 '나의 축제일'이라는 의미인데, 이름 그대로 성전을 완성해서 축하하게 되었습니다. 첫 번째 성전은 '솔로몬 성전', 두 번째 성전은 '스룹바벨 성전', 세 번째 성전은 신약 시대 '헤롯 성전'이라 부르는데, 결국 이 모든 성전은 다 파괴되어 현재까지 예루살렘에 성전은 건축되지 못한 상태로 남아 있습니다. 오히려 현재는 유대인들의 성전 터 장소에 회교도의 3대 성지 중 하나인, 모하메드(Mohammed)가 승천했다고 전승되며 '황금돔'이라 불리는, 무슬림 바위사원이 세워져 있습니다. 역사의 아이러니라 할 수 있습니다.

　학개가 외쳤던 성전 건축의 역사가 언제 다시 재개될지가 관심사입니다. 그때는 바로 이 황금돔 자리에 성전이 세워져야 하는데, 그러러면 무슬림들이 여호와를 믿고 따르는 그날이 오기를 기도해야 합니다. 그날이 올 것을 믿음으로 바라보며 학개서를 묵상하시기 바랍니다.

---

◆ 핵심 단어: 구약 선지 문학, 연대가 정확, 다리오왕, 하나님의 4회의 메시지, 디아스포라, 다윗 왕국의 회복, 메시아에 대한 기대, 스룹바벨 성전

◆ 핵심 주제: 하나님의 축복을 얻기 위해 우선순위를 잘 결정하라

▶ 강의 영상

# 38

# 스가랴

학개서, 스가랴서, 말라기서는 포로기 이후 페르시아 시대를 배경으로 구약 선지 문학을 이룹니다. 학개와 스가랴는 동시대 인물로, 페르시아의 세 번째 왕인 다리오 1세 때에 서로 힘을 합쳐 예루살렘 성전을 건축하는 일을 독려합니다. 스가랴의 사역은 학개의 사역이 시작된 지 2개월 후에, 즉 "다리오왕 제이년 여덟째 달"(슥 1:1), 주전 520년에 여호와의 말씀이 임함으로써 시작됩니다. 그의 마지막 사역이 기록된 연대는 "다리오왕 제사년 아홉째 달 곧 기슬래월 사일"(슥 7:1)이므로, 그가 예루살렘에서 성전이 완성되는 약 2년 동안 계속 사역했으며, 9-14장의 내용을 보아 성전이 완성된 후에도 계속 사역했음을 알 수 있습니다.

학개는 백성들에게 성전을 짓도록 동기 부여를 한 반면, 스가랴는 그들에게 회개와 영적인 개혁을 촉구합니다. 스가랴는 성전 건축이 완료되었을 때 합당한 예배를 드리도록 백성들을 준비시키는 임무를 맡았습니다. 학개서는 당시 총독이자 리더였던 스룹바벨을 오실 메시아의 예표로 제시한 것으로 마치는데, 스가랴서는 진정한 메시아의 오심을 예언합니다. 스가랴서의 메시지의 주제는 "회개하고 하나님의 왕국과 메시아의 오심을 준비하라"는 것입니다. 그렇기에 소선지서 중에서 메시아에 대한 예언이 가장 많은 책입니다. 구약 전체에서 이사야서 다음으로 메시아적 목자-왕에 대한 이야기와 예언이 많이 나옵니다. 신약에서는 70회 이상 스가랴서를 직접 인용하거나 암시하는데, 대부분이 요한계시록에서 발견됩니다.

'스가랴'는 '여호와께서 기억하신다'라는 의미입니다. 이것은 포로기 이후 백성들을 향한 하나님의 핵심 메시지이기도 합니다. 페르시아의 통치 아래에서 포로 생활을 하다가 조국으로 귀환한 이스라엘 백성에게는 많은 것이 기대 이하였습니다. 성전은 돌무더기 상태로 방치되어 있었고, 가뭄 때문에 농작에 어려움을 겪고 있었으며, 각자 먹고살기에 급급하여 공동체 의식은 점점 사라지고 있었습니다. 하나님이 과거 선지자들을 통해 약속하셨던, 이스라엘의 영광스러운 미래를 향한 언약이 이루어질 기미는 전혀 보이지 않았습니다. 원수 국가들의 패망, 이스라엘의 명예와 영광의 회복, 메시아가 통치하시는 다윗 왕권의 회복 등 모든 것이 요원해 보였습니다.

그 와중에 학개와 스가랴가 힘을 합쳐 성전 건축을 촉구하면서 모든 것에 활기를 띠기 시작합니다. 스가랴는 이름의 의미처럼 여호와께서 여전히 언약을 '기억하신다'는 것을 알려주고, 메시아의 오심과 그분이 다스리시는 왕국의 도래를 예언하면서 백성들에게 희망과 기대를 심고, 그들을 영적으로 준비시키는 역할을 합니다.

구약에서만 32명 정도의 스가랴가 등장할 정도로 흔한 이름이기 때문에 혼돈하지 않기 위해서는 그가 베레갸의 아들이며 잇도의 손자임을 기억하는 것이 좋습니다. 느헤미야는 잇도를 레위 사람으로 기록하고 있어, 스가랴가 선지자인 동시에 레위인임을 알 수 있습니다(스 5:1, 6:14; 느 12:16). 또한 스가랴는 바벨론 포로 생활에서 예루살렘으로 귀환한 5만 명 중 한 사람입니다.

스가랴서는 크게 두 부분으로 나뉩니다. 첫 번째 부분을 이루는 1-8장은 '메시아의 왕국을 위한 준비'를 다루고, 두 번째 부분을 이루는 9-14장은 '메시아의 오심을 통한 이스라엘의 구원과 통치'를 다룹니다.

첫 번째 부분은 8개의 환상으로 유명합니다. 8개의 환상은 붉은 말 탄 자의 환상(슥 1:7-17), 네 뿔과 네 대장장이들(슥 1:18-21), 측량줄을 잡은 자(슥 2:1-13), 대제사장 여호수아의 옷(슥 3:1-10), 순금 등잔대와 두 감람나무(슥 4장), 날아가는 두루마리(슥 5:1-4), 에바 바구니 가운데 앉은 여인(슥 5:1-11), 4대의 병거(슥 6:1-8)입니다. 이 환상들에는 묵시적이며 비유적인 표현들이 가득한데, 그래서 스가랴서가 어렵게 느껴지기도 합니다. 두 번째 부분은 오실 왕-목자 메시아에 의한 이스라엘의 미래의 구원과 승리를 보여 줍니다.

스가랴서는 여호와의 날에 이스라엘이 하나님 앞에 성결될 것을 고대하면서 에스겔서, 다니엘서와 견줄 만큼 묵시적이고 종말론적인 메시지로 가득합니다. 마치 신약 요한계시록의 일부를 보는 듯합니다. 특별히 스가랴 4장 6절 말씀을 함께 묵상하고 싶습니다. "만군의 여호와께서 말씀하시되 이는 힘으로 되지 아니하며 능력으로 되지 아니하고 오직 나의 영으로 되느니라." 주님의 성령으로 성결될 우리 모두를 기대합니다.

### 🍃 스가랴서의 메시지와 인용

- 소선지서 중 메시아 예언이 가장 많음
- 메시아적 목자-왕에 대한 예언이 구약에서 두 번째로 많이 나옴
- 신약에서 70회 이상 인용

### 🍃 스가랴서의 주요 내용

- 1-8장: 메시아의 왕국을 위한 준비
- 9-14장: 메시아의 오심을 통한 구원과 통치

◆ 핵심 단어: 구약 선지 문학, 성전 건축 독려, 회개, 영적인 개혁 촉구, 진정한 메시아 예언, 레위인, 8개의 환상, 성결, 묵시적, 종말론적 메시지

▶ 강의 영상

◆ 핵심 주제: 회개하고 하나님의 왕국과 메시아의 오심을 준비하라

# 39

# 말라기

학개서, 스가랴서, 말라기서는 포로기 이후 페르시아 시대를 배경으로 하는 구약 선지 문학입니다. 말라기서의 정확한 연대는 나와 있지 않지만, 학개의 사역으로 성전이 완성된 후에 쓰인 것만은 확실합니다. 성전에 관련된 메시지가 많이 나오기 때문입니다.

말라기는 주전 450~400년 사이에 활동한 예언자라고 추정하기도 하고, 그 이전인 주전 500~475년으로 보기도 합니다. 또한 말라기는 이방인과의 통혼 문제, 이혼 문제, 제사장직의 남용 문제, 성전 봉사 문제, 십일조 문제 등을 다룬다는 점에서 에스라서, 느헤미야서와 공통점이 있기 때문에 에스라, 느헤미야와 비슷한 시대의 사람이라고 보기도 합니다.

'말라기'의 이름은 '나의 사자'라는 뜻이 있습니다. 하지만 어떤 학자들은 말라기가 선지자의 이름이 아니라 3장 1절의

"보라 내가 내 사자를 보내리니"라는 말씀에서 연유된 제목이라 보고, 이 책을 익명의 예언이라 주장하기도 합니다. 3장 1절에서 여호와께서 보내시는 사자는 '길을 준비하기 위해' 보내집니다. 선지자 말라기도 '하나님의 사자'로서 앞으로 도래할 하나님의 왕국을 준비하는 역할을 합니다.

당시 예루살렘은 페르시아의 거대한 제국 내에서 보잘것없이 조공을 바치는 지방처럼 남아 있었습니다. 과거 찬란했던 이스라엘의 축복과 영광은 사라진 지 오래되었고, 많은 선지자가 예언했던 메시아 왕국의 도래는 요원해 보였으며, 가까운 미래의 희망마저 보이지 않는 상황에서 이스라엘 백성은 언약의 하나님을 찾기보다 다시 낙담과 불신의 태도를 보였습니다 (비교 사 59:9-11). 하나님의 선택된 백성이라는 선민사상은 희미해져 갔고, 그들은 하나님의 사랑도 의심하기 시작했습니다. 그들은 또다시 언약 백성으로서의 자세가 흐트러지기 시작했고, 과거의 잘못을 깨닫고 교훈으로 새기며 하나님의 백성으로 거듭나기보다는 다시 한 번 죄의 톱니바퀴 속으로 들어가 똑같은 죄들을 반복하고 있었습니다.

이에 대하여 여호와께서는 그분의 선지자를 보내시어 이스라엘 백성에게 다시 한 번 경고를 주십니다. 안타까운 것은 이것이 마지막 경고였다는 사실입니다. 예수님이 오시기 전까지 말라기와 같은 선지자의 목소리는 더 이상 들리지 않고, 말라기를 마지막으로 하나님의 침묵이 시작됩니다. 유대인들의 전통에 따르면, 그들은 학개, 스가랴, 말라기가 죽은 후에 성령이 이스라엘을 떠나셨다고 믿었습니다(Tosefta Sotah 13,2).[9] 그렇기에 우리는 말라기서를 통해 백성들을 향한 하나님의 마지막 메시지를 듣는 감동을 느낄 수 있습니다. 말라기서에서 기억해야 할 하나님의 이름은 '만군의 여호와'입니다. 그분은 위대한 왕이시며 "해 뜨는 곳에서부터 해 지는 곳까지의 이방 민족 중에서 내 이름이 크게 될 것이라"(말 1:11)라고 말씀하십니다.

말라기서 전체는 서론, 6회의 논쟁, 마지막 경고로 이루어져 있습니다. 특히 6회의 논쟁은 하나님이 말씀하시고, 이스라엘 백성이 반문하며, 하나님이 다시 그들에게 답변하시는 형식으로, 토론을 하면서 메시지를 전달하는 방법을 사용한 것으로 유명합니다. 책 구조의 핵심을 이루는 논쟁적이고 단언적인 형식, 그리고 쟁론과 질문을 통해 대화하는 형식은 말라기서의 독특한 문학 기법일 뿐 아니라 효과적인 커뮤니케이션 방법입니다. 이러한 수사학적 질의응답 형식은 후기 랍비 학교의 특징이라 할 수 있는 강해 교육의 선구로 평가됩니다.[10]

말라기는 우상에 대해(말 2:10-12), 이혼에 대해(말 2:13-16), 십일조를 하지 않는 것에 대해, 언약의 윤리에 기초한 사회 정의를 실천하지 않은 것에 대해, 또한 제사장 계급과 사회 지도 계층을 향해 강력하게 경고하는 메시지를 던집니다. 메시지의 핵심은 포로기 이후에 귀환한 백성들의 영적인 삶과 그들의 생활 속의 부패를 지적하며 회개하고 돌아올 것을 격려하는 것입니다. 또한 하나님은 결코 악을 방관하지 않으실 것이며 반드시 심판하실 것임을 알려 줍니다. 마지막 심판 때에 오실 주님을 기다리며 모세의 율법에 순종하고 의로운 삶을 살지 않으면 심판을 받을 것을 경고합니다.

특별히 첫 번째 논쟁에서 하나님은 이스라엘이 하나님의 사랑을 의심함에도 불구하고 자신은 여전히 이스라엘을 사랑한다고 말씀하십니다. 이스라엘이 변했지, 이스라엘을 선택하신 그분의 사랑은 결코 변하지 않은 것입니다. 마찬가지로, 하나님은 여전히 우리를 사랑하십니다. 하나님은 우리가 변해도 우리를 향한 그분의 사랑은 결코 변하지 않는다고 말라기서를 통해 말씀하고 계십니다. 그렇기에 어떤 학자는 말라기서의 책 제목을 '하나님의 변하지 않는 사랑'(God's Unchanging Love)이라고 짓기도 했습니다. 이것은 구약 선지서의 마지막인 말라기서에서 너무나 오래 기억하고 싶은 메시지입니다.

◆ 핵심 단어: 구약 선지 문학, 하나님의 사자, 하나님의 왕국 준비, 마지막 경고, 하나님의 침묵, 만군의 여호와, 6회의 논쟁, 수사학적 질의응답 형식

▶ 강의 영상

◆ 핵심 주제: 우리가 변해도 우리를 향한 하나님의 사랑은 결코 변하지 않는다

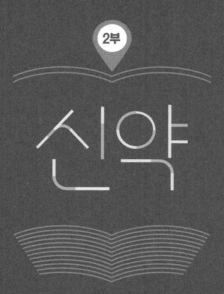

2부

신약

구약이 39권인 반면 신약은 27권으로 구성되어 있습니다. 순서로 분류해 보자면 제일 먼저 예수 그리스도에 대한 '신학적 전기'라 할 수 있는 4개의 복음서, 그에 이어 '신학적 역사서'인 사도행전이 나옵니다. 그다음 모든 책은 서신의 형태를 띠고 있습니다. 예수 그리스도가 하신 일 다음으로 중요한 사도 바울의 서신 13개, '일반 서신'이라 불리는 서신 8개, 그리고 비록 서신의 형태를 취하고 있으나 내용이 다른 서신들과 구분되는 요한계시록으로 끝을 맺습니다. 요약하자면, 신약은 복음서 4권, 역사서 1권, 사도 바울 서신 13권, 일반 서신 8권, 요한계시록 1권으로 구성되어 있습니다.

4개의 복음서는 각각 저자에 의해 이름이 붙여졌습니다. 12사도에 속한 세리 출신 마태와 요한이 각각 마태복음과 요한복음을 저작했습니다. 반면, 다른 두 저자인 마가와 누가는 이들과는 다릅니다. 마가는 베드로로부터 예수님에 대한 이야기를 듣고 마가복음을 기록한 것 같고, 누가는 이방인으로서 섬세한 연구를 통해 누가복음을 집필했다고 밝히고 있습니다. 누가가 사도 바울과 특별히 가까웠다는 사실은 누가의 두 번째 책인 사도행전에서 '우리'라는 단어를 사용하고, 사도 바울과 선교 여행에 함께했다는 것을 통해 알 수 있습니다.

이 4권 중 마태복음, 마가복음, 누가복음 등 3권은 바라보는 관점이 동일하다고 해서 '공관복음'(Synoptic Gospels)이라고 부름으로써 요한복음과 구분을 합니다. 공관복음을 읽다 보면 서로 내용에 중복이 많다는 것을 발견하게 되는데, 통계적으로 마가복음과 마태복음은 90% 정도가, 누가복음과 마태복음은 50% 정도가 중복됩니다. 그렇지만 주의 깊게 읽으면 단순히 내용이 중복된 것이 아니라, 같은 이야기여도 신학적 강조점과 문맥을 통해 전하고자 하는 메시지에 차이가 있음을 발견할 수 있습니다. 그것이 공관복음을 공부하는 또 다른 묘미이기도 합니다. 반면, 요한복음은 중복되는 내용이 매우 적을 뿐 아니라 중복되더라도 공관복음과는 차이가 있음을 쉽게 알 수 있습니다. 그래서 4개의 복음서를 3개의 공관복음과 요한복음으로 나누어 접근하는 것입니다.

다음에 나오는 사도행전은 누가복음과 저자가 동일하며, 복음 전파의 역사인 초대 교회의 부흥사를 기록하고 있을 뿐 아니라 사도 바울 서신과 깊은 관련이 있기 때문에 함께 연계시켜 가며 읽을 때 흥미가 더해집니다.

사도 바울 서신 13권은 보통 갈라디아서, 데살로니가전·후서를 묶어 '사도 바울의 초기 서신'이라 분류하며, 로마서와 고린도전·후서는 다른 서신에 비해 분량이 많기에 '사도 바울의 주요 서신'이라 말합니다. 더불어 에베소서, 빌립보서, 골로새서와 빌레몬서는 옥중에서 보낸 서신이기에 '옥중 서신', 나머지 디모데전·후서와 디도서를 합하여 '목회 서신'으로 분류합니다. 쓰인 연도와 서신 간의 관계에 따라 성경 속의 순서가 정해졌다기보다는 분량과 수신자에 근거해 순서가 정해져 있습니다. 교회를 향한 서신 중 가장 분량이 많은 로마서로 시작해 데살로니가후서로 마치며, 그다음에는 개인을 향한 서신이 나오는데, 디모데전서에서 시작해 빌레몬서로 끝을 맺습니다.

연이어 나오는 일반 서신은 다양한 저자들의 서신을 모아 통칭하는데, 각 서신에 붙여진 이름을 보면 흥미롭습니다. 바울 서신의 경우에는 예외 없이 수신자의 이름을 서신 앞에 붙입니다. 예를 들어, 고린도전서는 고린도 교회를 향한 서신입니다. 하지만 일반 서신의 경우 히브리서를 제외하고는 보내는 이의 이름이 붙여집니다. 예를 들어, 베드로전서는 베드로 사도가, 유다서는 유다가 보낸 것입니다. 히브리서의 경우에는 저자가 누군지 모르지만 서신을 받는 대상이 히브리인들일 가능성이 높기에 '히브리서'라 붙여진 것 같습니다. 그렇다 보니 히브리서를 일반 서신과 따로 구분하여 취급하기도 합니다.

마지막으로는 일반적으로 사도 요한이 썼다고 받아들여지는 요한계시록이 나옵니다. 내용에 따라 '예언서' 또는 '묵시서'라고 부르나, 형태는 서신의 형태를 취하고 있습니다.

## 신약 구성 및 특징

- 사복음서(공관복음, 요한복음): 예수 그리스도에 대한 신학적 전기
- 사도행전: 신학적 역사서
- 사도 바울의 서신 13개(초기 서신, 주요 서신, 옥중 서신, 목회 서신): 분량과 수신자(교회, 개인)에 근거한 순서
- 다양한 저자들의 일반 서신 8개: 히브리서 외 발신인의 이름 따서 지음
- 요한계시록: 예언서 또는 묵시서, 서신 형태

▶ 강의 영상

# 마태복음

마태복음은 제목에서도 시사하듯 예수님의 제자 마태 사도에 의해 쓰였습니다. 로마의 클레멘트, 폴리갑, 터툴리안, 오리겐 등 많은 교부도 그가 저자라고 증거합니다. 흥미롭게도 다른 복음서에서는 제자들을 소개할 때 이름만 나열하는데, 마태복음에서만 유독 '세리 마태'라고 하면서 이름 앞에 '세리'를 붙이고 있습니다. 이는 마태 본인의 부끄러운 직업을 나타내려는 겸손한 의도로 보입니다. 그의 직업에 걸맞게 마태복음에는 '두 드라크마 관세', '네 드라크마 동전', '달란트'(마 17:24, 27, 18:24) 등 마태에게 익숙한 화폐 단위에 대한 다양한 용어들이 등장합니다. 마태가 저자인 것을 뒷받침해 주는 추가적 증거들이라고 할 수 있습니다.

마태복음은 신약의 첫 번째 책답게 독자들을 구약으로부터 연착륙을 시키려는 듯 전반적으로 유대적 성향이 강한 분위기와 특징이 있습니다. 그렇기에 믿지 않는 유대인들을 대상으로 쓰였다고 봅니다.

예수님의 족보를 소개하며 "아브라함부터 다윗까지 열네 대요 다윗부터 바벨론으로 사로잡혀 갈 때까지 열네 대요 바벨론으로 사로잡혀 간 후부터 그리스도까지 열네 대더라"(마 1:17)라고 기록하고 있는데, 세 간격이 약 1,000년, 400여 년, 600년임을 생각해 볼 때 '14대'라는 숫자에 끼워 맞추었다는 것을 알 수 있습니다. '14'라는 숫자를 그 숫자에 해당하는 히브리어 알파벳으로 바꾸는 주석 방법인 '게마트리아'(gematria)라는 관점으로 보면 '다윗'이라는 이름이 나옵니다. 시작부터 예수님이 유대의 왕 '다윗의 자손'으로 오신 메시아이심을 강조하기 위한 것입니다. 마태복음은 50회 이상 구약을 직접 인용하고, 75회 정도 구약의 사건들을 암시함으로 유대인이 대상임을 뒷받침합니다.

또한 마태복음에는 유대인들이 자주 쓰는 '하늘에 계신 아버지'라는 표현이 15회 나옵니다(마 5:16, 45, 48, 6:1, 9, 7:11, 21, 10:32, 33, 11:25, 12:50, 16:17, 18:10, 14, 19, 23:9). 마가복음에서는 1회, 누가복음에서는 전혀 사용되지 않은 것과 선명하게 대조됩니다. '하나님'이라는 표현 대신 이러한 우회적 표현을 쓴 것도 전형적으로 하나님의 이름을 부르는 것에 부담을 느끼는 유대적 사고를 고려한 것으로 보입니다. '하나님의 나라'(Kingdom of God) 대신 주로 '천국'(Kingdom of Heaven)을 쓴 것도 같은 맥락에서 이해할 수 있습니다.

마태복음의 구조도 유대인들에게 익숙한 형태를 취하고 있습니다. 구약의 오경을 염두에 둔 듯 예수님의 가르침을 다섯 군데에 모아서 구성했습니다. 5-7장의 산상수훈, 10장의 전도 여행을 보내시며 주신 가르침, 13장의 천국에 대한 비유 모음, 18장의 공동체와 용서에 대한 가르침, 23-25장의 종말에 대한 가르침과 경고 등 5개의 강의 말씀을 발견할 수 있습니다. 이렇듯 예수님의 가르치시는 사역에 초점을 맞춘 것 또한 마태 복음의 특징으로 볼 수 있습니다.

산상수훈인 5장에서는 예수님이 "너희가 그렇게 들었으나 나는 너희에게 이르노니"라는 표현을 반복하시는데(마 5:21, 27, 31, 33, 38, 43), "모세는 그렇게 가르쳤지만 나는 이렇게 가르친다"라는 의미로 마태가 예수님을 '모세보다 위대하신 분'으로 묘사하고 있습니다. 모세의 율법과 예수님의 가르침을 대비시켜 예수님은 새로운 모세이실 뿐 아니라 구약의 모세의 권위를 훨씬 뛰어넘는 분이심을 강조합니다. 그렇다고 해서 예수님이 유대인들이 목숨보다 귀하게 여기는 모세의 율법을 폐하시려는 것은 아닙니다. 예수 그리스도는 자신이 율법을 폐하러 온 것이 아니라, 완전하게 하러 왔다고 말씀하십니다(마 5:17). 새로운 시대를 위한 새로운 율법을 주시는 예수님의 가르침이 모세의 율법보다 우위에 있음을 알려 주고자 하시는 것입니다.

이처럼 마태복음은 유대적 성향이 있음에도 불구하고 한편으로는 '복음의 보편성' 또한 매우 강조하고 있습니다. 예수님의 탄생부터 그분을 경배하기 위해 페르시아로부터 온 동방박사 사건은 마태복음에만 기록되어 있으며, 이것은 예수님이 유대인만의 메시아가 아닌 만민의 메시아이심을 강조하기 위함입니다. 예수님은 천국의 비유에서도 밭은 '세상'을 가리킨다고 가르치십니다(마 13:31). 21장에서는 하나님이 그분의 나라를 이스라엘에게서 빼앗아 다른 이들에게 주실 것이라고 말씀하심으로(마 21:43) 복음이 유대인들에게만 속한 것이 아니라, '만민에게 보편성'을 가지고 있음을 분명히 하십니다.

더불어 사복음서 중에서 마태복음만 '교회'라는 단어를 사용하고 있으며(마 16:18, 18:17), '모든 족속을 향한' 지상 명령(the Great Commission)으로 서신을 끝맺는 것 역시 복음의 보편성을 잘 보여 주는 증거입니다. 복음은 특정한 자 또는 특정한 민족에게만 주어지는 것이 아니라, 믿는 자 누구에게나 보편적으로 주어지는 것임이 강조되어 있습니다. 결론적으로 마태복음은 강한 유대적 요소에 복음의 보편성이 더해진 복음서라 요약할 수 있습니다.

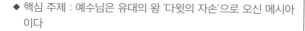

◆ 핵심 단어 : 마태 사도, 세리, 유대적 사고, 믿지 않는 유대인 대상, 신약의 첫 번째 책, 예수님의 족보, 14대, 다윗의 자손 메시아, 새 시대를 위한 새 율법, 복음의 보편성

◆ 핵심 주제 : 예수님은 유대의 왕 '다윗의 자손'으로 오신 메시아이다

▶ 강의 영상

# 마가복음

마가복음의 저자는 마가로 알려져 있으며 다른 복음서들과 마찬가지로 예수님이 하신 일에 대한 신학적 기록입니다. 그런데 12사도에 속하지 않은 마가가 어떻게 예수님의 생애와 가르침들을 구체적이고 정확하게 기록할 수 있었는지 궁금합니다. 이는 초대 교부들의 기록과 전통을 살펴보았을 때 베드로에게 전해 받은 것이라는 설명이 가장 적절합니다. 베드로전서 5장 13절에서 마가를 "내 아들 마가"라 지칭한 것과 예수님의 공적 사역이 베드로를 부르신 사건부터 시작된다는 것도 그러합니다.

14장에서 마가복음에만 기록된 한 청년을 저자인 마가로 보는 흥미로운 견해도 있습니다. 예수님이 체포당하시는 것을 보고 베로 된 홑이불을 두르고 따라가다가 무리에게 잡히자 벗은 몸으로 도망갔던 그 청년 말입니다(막 14:51-52). 물론 이를 증명할 길은 없습니다. 그러나 만약 이 청년이 마가라면 자신의 창피한 과거를 가감 없이 적절한 곳에 소개한, 변화된 자라고 평가할 수 있을 것입니다.

마가복음은 로마에서 이방인 그리스도인들을 대상으로 썼다는 견해가 유력한데, 그 증거로 간간이 본문에 유대인들의 관습에 대해 설명해 주는 부분을 들 수 있으며(막 7:3-4, 15:42), 여러 군데 아람어 표현을 헬라어로 번역한 부분들이 헬라어를 쓰는 이방인이 대상임을 설명해 줍니다(막 3:17, 5:41, 7:11, 34, 15:22, 34 등). 예를 들면, '달리다굼'이라는 아람어를 '소녀야 일어나라'로 번역해 줍니다(막 5:41).

마가복음은 사복음서 중 가장 먼저 기록되었으며, 다른 복음서를 기록하는 데 참고 자료로 쓰인 것으로 알려져 있습니다. 이것을 학자들은 '마가복음 우선설'이라고 부릅니다.

마가복음은 여러 가지 특징이 있는데, 긴 설교보다는 행동 중심으로 복음이 전개되고 있다는 것이 가장 큰 특징입니다. 사건들이 매우 빠르게 진행되며, '즉시'처럼 신속성을 나타내는 부사들이 자주 사용됩니다. 실제로 움직임을 의도하는 동사가 다른 어떤 복음서보다도 풍성하게 등장합니다. 하나님의 아들이신 예수님의 능력과 권위를 강조하며, 복음을 들은 후 사람들의 결단이 매우 중요하고 시급하다는 것에 초점을 맞추며, 신속성과 함께 긴급성과 위급성도 동시에 강조합니다. 그뿐 아닙니다. 마가복음은 섬김의 최고봉이라 할 수 있는 십자가 사건을 향해 모든 것이 움직여 간다는 특징도 있습니다.

그러나 무엇보다 마가복음의 초점은 '제자도'입니다. 이방인 그리스도인들이 복음에 적대적인 환경에 살다 보니 예수님을 따른다는 것이 무엇을 의미하는지에 대한 제자도의 의미를 새롭게 조명해 들을 필요가 있었습니다. 마가복음은 "하나님의 아들 예수 그리스도의 복음의 시작이라"(막 1:1)라는 말씀으로 복음서를 열며, 예수님이 하나님의 아들이심을 강조합니다. 예수님의 세례 당시 하나님도 그렇게 말씀하셨고, 더러운 귀신도 인정했으며, 예수님의 죽음을 지켜본 백부장도 그렇게 고백합니다(막 1:11, 3:11, 15:39).

이러한 예수님이 그분의 죽음과 부활을 염두에 두고 제자들을 어떻게 가르치시고 돌보시는지를 보여 줌으로써 당시의 이방인 그리스도인들뿐 아니라 우리에게도 하나님의 아들이신 그분의 참 제자가 되도록 도전하는 제자도를 강조합니다. 한 예로, 예수님은 귀신을 내쫓는 권능을 주셨음에도 귀신 들린 아이를 고치지 못하는 제자들을 향해 "믿음이 없는 세대여"(막 9:19)라고 질책하십니다. 그러면서 마음이 둔해져 깨닫지 못하는 그들의 믿음이 수로보니게 이방 여인의 믿음보다 못하다고 대조시키시면서 제자들에게 믿음을 가르치십니다.

또 다른 특징으로 마가복음은 다른 복음서에 비해 분량이 적다는 것을 들 수 있습니다. 그렇다고 내용이 빈약한 것은 결코 아닙니다. 저자 마가는 많은 사건을 요약하여 전개시키는데, 예를 들어 마태복음 4장과 누가복음 4장에서는 예수님의 마귀 시험 장면을 길게 다루고 있지만, 마가복음에서는 1장 12-13절 두 절로 짧게 다룹니다. 마태복음 10장에서 예수님이 전도 여행을 앞두고 제자들에게 길게 가르치신 부분도 마가복음에는 6장 7-13절에 요약되어 있습니다.

그렇다고 해서 모든 사건의 묘사가 천편일률적으로 간략한 것만은 아닙니다. 6장에서 오병이어의 기록을 보면, 기적이 일어난 장소의 잔디 색이 푸르다고 묘사한 것은 마가복음밖에 없습니다(막 6:39). 8장에서는 예수님이 벳새다에서 맹인을 고치실 때 한 번에 고치지 않으시고 두 단계를 거치시는 '자세한' 묘사를 하기도 합니다. 그러나 마가는 전반적으로 요약을 함으로써 인간들을 죄에서 구원하기 위해 십자가를 향해 움직이시는 예수님의 움직임에 의도적으로 초점을 맞추고 있습니다.

마지막으로, 마가복음은 마태복음과 90% 정도가 중복됩니다. 신약을 통독하면서 '왜 이리 똑같은 얘기가 계속 나오지?' 라고 느꼈다면 예리한 관찰을 한 것입니다. 그러나 내용이 유사할지라도 자세히 들여다보면 차이점이 많다는 사실을 알아야 합니다. 저자가 강조하고자 하는 신학적 의도가 그 안에 담겨 있음을 염두에 두고 그것을 발견하고자 노력하는 것이 중요합니다. 누가복음으로 옮겨 가면 내용 중복이 50% 정도로 급격하게 줄어든다는 사실을 미리 알아 두는 것도 복음서들을 이해하는 데 도움이 될 것입니다.

## 마가복음의 특징

- 행동 중심으로 복음 전개: 십자가 사건을 향해 모든 것이 움직임
  - 신속성을 나타내는 부사 '즉시' 자주 사용
  - 움직임을 의도하는 동사 풍성하게 등장
  - 예수님의 능력과 권위를 강조
  - 사람들의 결단에 초점을 맞춤
  - 신속성과 함께 긴급성과 위급성 동시 강조
- 제자도 강조
- 다른 복음서에 비해 적은 분량
- 다른 복음서와의 중복: 마태복음 90%, 누가복음 50%

◆ 핵심 단어: 마가, 이방인 그리스도인, 마가복음 우선설, 행동 중심, 신속성, 긴급성, 위급성, 십자가 사건, 제자도, 마태복음과 90% 중복

◆ 핵심 주제: 하나님의 아들이신 예수님의 참 제자가 되라

▶ 강의 영상

# 누가복음

누가는 헬라어 이름으로, 저자 누가는 유대인이 아니라 이방인
그리스도인입니다. 그는 복음서를 기술하는 데 높은 수준의 헬
라어를 사용한 것을 보아 상당한 교육을 받았을 것으로 추측할
수 있습니다. 실제로 누가복음은 모든 복음서 중 가장 포괄적이
며, 분량도 신약에서 가장 많으며, 또 다른 저서인 사도행전까
지 더하면 저술 분량이 신약의 약 4분의 1에 해당되므로, 누가는
신약에서 제일 중요한 저자 중 하나라고 해도 과언이 아닙니다.

꼭 누가가 이방인이라서는 아니겠지만, 누가복음의 가장 큰
특징은 '복음의 보편성'이라 말할 수 있습니다. 누가복음은 서
두에 나오는 데오빌로처럼 기독교에 우호적인 이방인들을 염
두에 두고 쓴 것입니다. 복음서는 예수 그리스도의 오심을 구
약에서 약속된 메시아 예언의 성취로 제시하는 것에서 멈추지
않고, 하나님의 구속사와 세상의 역사를 연결시킴으로 '역사를

주관하시는 하나님'을 부각시키며 전개됩니다. 예를 들어, 1장 5절의 "유대 왕 헤롯 때에", 2장 1절의 "그때에 가이사 아구스도가 영을 내려", 3장 1절의 "디베료황제가 통치한 지 열다섯 해" 등의 표현을 보면 세속적 역사와 연결시키는 노력을 하고 있음을 알 수 있습니다. 예수님의 족보를 기록할 때에도 마태복음 1장에 나오듯 아브라함에 귀결시키기보다는 아담에서 더 나아가 하나님과 궁극적으로 연결시킴으로써 누가가 강조하고자 했던 보편성을 잘 담고 있습니다.

누가복음의 보편성은 유대인과 대조되는 개념인 이방인을 포함시키는 데 머물지 않습니다. 죄지은 여인(눅 7:36-50), 선한 사마리아인(눅 10:29-37), 탕자(눅 15:11-32), 세리 삭개오(눅 19:1-10), 예수님과 함께 십자가에 처형당했던 회개한 강도에 이르기까지(눅 23:39-43) 사회적 소외 계층을 총망라합니다. 당시 남성보다 못한 취급을 받던 여성들이 특별히 부각되어 있는 것 또한 보편성을 잘 나타냅니다. 예수님의 탄생 이야기에 등장하는 마리아, 엘리사벳, 안나(눅 1-2장) 등은 물론, 7장의 나인성 과부(눅 7:11-17), 8장에서 경제적으로 예수님과 제자들을 섬긴 여인들(눅 8:1-3), 10장에서 만나는 마리아와 마르다(눅 10:38-42) 등 수많은 여성이 중심이 되어 당시 사회적 약자였던 여성을 향한 저자의 유별난 관심을 아낌없이 보여 주고 있습니다.

다른 복음서와 비교했을 때 누가복음은 3가지 큰 특징이 있습니다.

첫째, 중요한 순간마다 기도하시는 예수님의 모습이 눈에 띕니다. 3장에서 요단강 세례 때(눅 3:21), 5장에서 하루 일과 후(눅 5:16), 6장에서 12제자를 선택하시기 전(눅 6:12), 9장에서 베드로의 고백과 자신의 죽음과 부활에 관해 말씀하시기 전(눅 9:18), 변화산에서(눅 9:28-29), 10장에서 70인의 전도 여행 보고 때(눅 10:21), 11장에서 주기도문을 가르쳐 주시기 전(눅 11:1), 22장의 겟세마네 동산에서(눅 22:39-46), 23장에서 십자가 위에서 두 번 기도하실 때(눅 23:34, 46) 등 누가는 예수님을 기도하시는 분으로 묘사합니다. 그뿐 아니라 기도에 대한 두 가지 비유(눅 11:5-13, 18:1-8)도 누가복음에만 나오며, 22장에서 예수님이 베드로를 위해 기도하셨다는 사실을 기록하고 있는 점 또한 다른 복음서와 차별성이 있습니다(눅 22:31-32).

둘째, 성령의 역사가 강조된 측면입니다. 예수님의 탄생과 세례 요한의 출생, 예수님의 어린 시절을 설명하는 데 성령의 역할이 특히 강조되어 있습니다. 어머니의 배 속에서부터 성령 충만한 세례 요한(눅 1:15), 성령을 통한 마리아의 잉태(눅 1:35), 엘리사벳의 고백(눅 1:41-42), 스가랴의 세례 요한 작명(눅 1:67) 등 모든 것이 성령의 특별한 역사로 묘사되어 있습니다. 시므온은 죽기 전에 주의 구원을 볼 것을 약속받았는데, 실제로 약속이 성취되는 것을 보게 하신 분도(눅 2:25-27) 성령이십니다. 또한 예수님은 성령에 의해 광야로 이끌리어 시험을 받으시고(눅 4:1), 그 후 '성령의 능력으로' 갈릴리에 돌아오셨다고(눅 4:14)

기록하고 있습니다. 보냄을 받은 70인 제자들이 돌아왔을 때 예수님은 '성령으로' 기뻐하시고(눅 10:21), 승천하시기 직전 제자들에게 성령의 임재를 약속하십니다(눅 24:49). 모든 일이 예외 없이 성령의 인도와 역사로 이루어지고 있습니다.

셋째, 예루살렘과 성전에 대한 강조 또한 간과할 수 없습니다. 9장부터 19장은 예수님이 예루살렘으로 올라가기로 결심하시고(눅 9:51) 예루살렘에 도착하시는 구조로 되어 있습니다(눅 19:44). 이 부분을 '예루살렘으로 가는 여정'이라고 부릅니다. 다른 복음서와의 차별점이 유난히 많은 부분이기도 한데, 예루살렘과 연계해 성전을 강조하고자 하는 누가의 의도가 드러납니다. 그러한 의도는 누가복음이 "그들[제자들]이 … 큰 기쁨으로 예루살렘에 돌아가 늘 성전에서 하나님을 찬송하니라"(눅 24:52-53)라는 말씀으로 끝나는 부분을 보면 잘 드러납니다. 이 마지막 부분은 누가의 두 번째 저서인 사도행전의 시작과도 자연스럽게 연결됩니다.

누가는 기도와 성령과 하나님을 만나는 상징적 장소인 성전을 강조합니다. 누가복음을 통해 우리의 기도생활과 성령의 역사하심과 하나님과의 교제와 교통이 충만하기를 축원합니다.

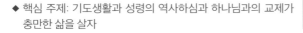

◆ 핵심 단어: 누가, 이방인 그리스도인, 가장 포괄적, 사도행전까지 더해 신약의 4분의 1, 보편성, 역사를 주관하시는 하나님, 사회적 소외 계층, 예수님의 기도, 성령, 성전

▶ 강의 영상

◆ 핵심 주제: 기도생활과 성령의 역사하심과 하나님과의 교제가 충만한 삶을 살자

# 요한복음

요한복음은 비록 본문에서 요한이 저자임을 밝히고 있지 않으나 본서의 저자가 예수님의 제자 가운데 한 사람이며, 최후의 만찬 때 예수님의 품에 의지하여 "주님을 파는 자가 누구오니이까"(요 21:20)라고 질문한 자이며, '예수께서 사랑하시던 그 제자'로 자주 등장하는(요 13:23, 19:26, 20:2, 21:7) 그 사람이 기록했다고 말함으로(요 21:24) 사도 요한이 가장 유력한 저자임을 알려 줍니다. 폴리갑, 이레니우스(Irenaeus), 클레멘트 등 초대 교회의 교부들도 세베대의 아들인 사도 요한이 에베소에서 요한복음을 기록했다고 증거합니다.

요한복음은 20장 30-31절에 "예수께서 제자들 앞에서 이 책에 기록되지 아니한 다른 표적도 많이 행하셨으나 오직 이것을 기록함은 너희로 예수께서 하나님의 아들 그리스도이심을 믿게 하려 함이요 또 너희로 믿고 그 이름을 힘입어 생명을 얻게 하려 함이니라"라고 쓴 목적을 분명히 밝히고 있는 점에서 다른 복음서와 구별이 됩니다. 이 말씀에서도 2회나 나온 '믿다'라는 동사가 바로 요한복음의 핵심 단어이며, 통틀어 98회나 나옵니다. 즉 요한복음은 '예수님이 그리스도이심을 믿고 우리로 하여금 생명을 얻게 하려고' 기록한 복음 전도서입니다.

요한복음의 수신자는 유대인들이나 유대인 개종자들로 봅니다. 요한복음이 신약의 모든 책 중에서 구약을 가장 폭넓게, 가장 많이 암시하고 있는 책이라는 점에서 그 사실을 확인할 수 있습니다. 구약을 아는 사람들에게 예수 그리스도를 통해 구약의 의미를 새롭게 해석해 줌으로써 모르고 있던 의미를 깨닫게 하고자 의도한 책이라 보는 것이 가장 자연스러운 해석입니다.

구약을 모른다고 요한복음을 이해할 수 없다는 것은 결코 아닙니다. 구약에 대한 깊은 지식이 있을 때 더 풍성하고 깊은 이해가 가능하도록 구성되어 있다는 것입니다. 그래서 어떤 학자는 요한복음에 대해 "어린아이가 헤엄치며 놀 수 있을 정도로 안전한가 하면, 코끼리가 익사할 정도로 깊다"라고 평가한 바 있습니다.

요한복음은 공관복음이라 불리는 다른 3개의 복음서와 여러 면에서 다릅니다. 공관복음에서는 예수님을 묘사할 때 그분이 메시아라고 명확하게 표현하는 것을 피하거나, 그분의 신성에 대해 매우 완곡하게 표현하거나, '인자'라는 호칭과 같은 매우 미묘한 표현들을 사용합니다. 마치 읽는 이들에게 "당신은 이런 분을 누구라고 하시겠습니까?"라고 반문하는 듯합니다. 공관복음은 논리를 펴는 데 있어 귀납적 접근을 하고 있습니다.

반면, 요한복음은 연역적 접근으로 예수 그리스도를 묘사합니다. 서문부터 '로고스'(logos)라는 단어를 사용하여 예수 그리스도가 하나님이시며(요 1:1-18), 창조자이시며(요 1:3), 성육신하신 분이며(요 1:14), 독생하신 하나님이심(요 1:18)을 분명히 밝히고 있습니다. 그뿐 아니라 요한복음은 공관복음에 비해 그리스도의 신성에 대해 담대하며 적극적으로 표현합니다. "모세를 믿었더라면 또 나를 믿었으리니"(요 5:46)라는 말씀부터 "아브라함이 나기 전부터 내가 있느니라"(요 8:58)라는 표현까지, 거침없이 자신에 대해 말씀하시는 예수님을 만날 수 있습니다.

특히 예수님은 "내가 그니라"(I am)라는 표현을 많이 사용하시는데(요 4:25-26, 8:24, 28, 58, 13:19 등), 이것은 구약에 "나는 스스로 있는 자"(I am who I am)라는 하나님의 말씀과 동일한 표현입니다(출 3:14). 예수님이 "내가 곧 하나님이다"라고 주장한 이 표현이 당시의 유대인들에게 얼마나 충격적으로 다가왔을까 상상해 보십시오. 처음부터 예수 그리스도가 성육신하신 하나님이심을 밝히고, 그러한 관점에서 그분의 가르침을 이해하며 그분을 믿어 영생을 얻게 하려는 의도가 있습니다.

요한복음은 크게 둘로 나누어 1-12장을 '표적의 책'(The Book of Signs)으로, 13-21장을 '영광의 책'(The Book of Glory)으로 구분하기도 하는데, 표적의 책은 7개의 표적으로 유명합니다. 가나의 물을 포도주로 바꾸심(요 2:1-11), 가버나움에 있는 왕의 신하의 아들을 고치심(요 4:46-54), 베데스다 연못가의 38년 된 병자를 고치심(요 5:1-9), 5,000명을 먹이심(요 6:5-14), 물 위를 걸으심(요 6:16-21), 맹인을 고치심(요 9:1-7), 베다니의 나사로를 살리심(요 11:1-45) 등의 기적으로 예수께서 하나님의 아들 그리스도이심을 알리고 믿게 하려는 것입니다. 반면, 영광의 책에서는 최후의 만찬과 예수님의 수난과 부활을 그리고 있습니다.

또한 요한복음의 기독론으로 알려진 7개의 "나는 -이요"(Seven I am)라는 표현도 유명합니다. 이는 예수님이 가르침 속에서 사용하신 7개의 자신의 정체성에 대한 비유적 표현들로, "나는 생명의 떡이니"(요 6:35), "나는 세상의 빛이니"(요 8:12), "나는 양의 문이라"(요 10:7), "나는 선한 목자라"(요 10:11, 14), "나는 부활이요 생명이니"(요 11:25), "내가 곧 길이요 진리요 생명이니"(요 14:6), "나는 포도나무요"(요 15:1, 5)로 구성되어 있습니다. 이것도 예수님이 누구신지를 알고 우리가 믿고 생명을 얻게 하려는 것입니다.

그렇기에 보통 초신자들에게 요한복음을 먼저 읽기를 권합니다. 예수님이 누구신지를 알고 그분을 믿고 영생을 얻기 바라는 사도 요한과 동일한 마음이기 때문입니다.

◆ 핵심 단어: 세베대의 아들 사도 요한, 유대인이나 유대인 개종자, 구약을 연역적 접근, 표적의 책, 영광의 책, 요한복음의 기독론, 7개의 "나는 -이요"

◆ 핵심 주제: 예수님이 그리스도이심을 믿고 생명을 얻으라

▶ 강의 영상

# 사도행전

사도행전의 저자는 누가복음의 저자와 동일합니다. 인칭에 신경을 쓰고 사도행전을 읽다 보면 어느 부분에서 인칭이 변한다는 사실을 발견할 것입니다. 3인칭으로 전개되다가 '우리'라는 1인칭으로 바꾸어 이야기를 풀어 가는 곳이 나오는데, 이 부분들은 저자인 누가가 사도 바울의 선교 여행에 직접 참여했다는 것을 알려 주기 위해 다른 곳과 구분하여 1인칭 복수인 '우리'라는 표현을 사용한 것입니다(소위 'we passage'로 알려짐). 이런 구절들이 사도행전 전체에서 97절이 나옵니다(행 16:10-17, 20:5-15, 21:1-18, 27:1-28:16).

골로새서 4장 14절의 '의사'인 누가와 동일 인물로 알려져 있는 누가는 이 책의 저자일 뿐 아니라 사형 집행을 앞둔 사도 바울의 곁을 끝까지 지켜 주기도 한 사람입니다(딤후 4:11). 사도행전은 누가가 누가복음에서 밝혔듯, "자세히 미루어 살핀"(눅

1:3) 노력을 통해 얻은 자료들과 그의 여행 기록을 더해 엮은 것입니다.

무엇보다도 사도행전은 기독교의 중심이 유대인 주도의 예루살렘에서 이방인 세계의 중심인 로마로 이동해 가고 있음을 보여 줍니다. 그리고 이것이 성령의 주권적 역사와 인도하심으로 이루어졌음을 보여 줍니다. 기독교를 일종의 '유대주의의 완성'이라고 반복적으로 이야기함으로, 새로 시작하는 기독교의 합법성을 주장합니다. 이를 통해 애당초 부당하게 십자가에서 처형당하신 예수님이시기에 그분을 좇는다는 이유로 박해받는 것은 정당하지 않음을 주장하는 의도가 들어 있습니다. 또한 기독교에 대한 사람들의 편견을 불식시키고, 데오빌로와 같은 고위층 기독교 초신자나 구도자들로 하여금 기독교를 호의적으로 인식하도록 하기 위한 목적도 있습니다.

이러한 변증적 의도 외에도 사도행전에는 다른 강조점들이 많이 있습니다. 성장과 확산을 경험하고 있는 교회와 구성원들을 향한 메시지가 있습니다. 인간의 어떠한 저항과 핍박이 있을지라도 하나님의 계획은 무산될 수 없으며, 이 땅에 시작된 교회는 지속적으로 성장할 것을 확신하게 합니다. 사도행전에 나타나 있는 '자신감'은 이 책을 읽는 모두에게 미래를 향한 희망과 기대를 갖게 합니다.

사도행전에서 제일 유명한 "오직 성령이 너희에게 임하시면 너희가 권능을 받고 예루살렘과 온 유대와 사마리아와 땅끝까

지 이르러 내 증인이 되리라"라는 1장 8절 말씀은 사도행전의
틀과 핵심이라 할 수 있습니다. 성령 충만을 받은 제자들이 예
수 그리스도의 증인이 되어 땅끝까지 복음의 지경을 넓혀 가
는 모습이 사도행전 전체의 핵심 내용입니다. 성령의 주권과
간섭 아래 어떤 박해와 훼방이 있어도 복음 사역은 지속적으
로 성공함을 보여 줍니다. 실제로 사도행전은 이야기를 풀어
가는 주요 대목마다 6장 7절의 "하나님의 말씀이 점점 왕성하
여 예루살렘에 있는 제자의 수가 더 심히 많아지고 허다한 제
사장의 무리도 이 도에 복종하니라"와 같은 '승리를 축하하는'
표현을 반복해서 사용하고 있습니다(행 9:31, 12:24, 13:48, 16:5, 19:20,
28:31 등).

또한 사도행전에서는 2명의 특별한 사도들을 대비하여 다룹
니다. 사도 베드로와 사도 바울입니다. 사도행전을 13장을 기
점으로 전반부와 후반부로 나누어, 전반부에는 베드로 사도의
역할이, 후반부에는 사도 바울의 역할이 강조되어 있습니다.
유사한 사건들을 통해 두 사도를 의도적으로 대비하고 있다는
느낌을 줍니다.

나면서 못 걷게 된 이를 고침(성전 미문 앞, 행 3:2-8; 루스드라, 행
14:8-12), 특이하고 특별한 치료 능력(베드로의 그림자까지, 행 5:15; 바
울의 몸에서 손수건이나 앞치마, 행 19:12), 마술사를 제압(사마리아의 시몬이
라는 마술사, 행 8:9, 18; 바보에서 바예수라는 유대 마술사, 행 13:6), 죽은 이를
살림(욥바에서 도르가, 행 9:36-40; 드로아에서 유두고, 행 20:9-12), 기적적으

로 옥에서 풀려남(쇠사슬이 그 손에서 벗어짐, 행 12:7; 빌립보 옥중에서 지진과 함께 매인 것이 다 벗어짐, 행 16:26) 등 두 사도는 유난히 유사한 사건이나 기적을 행했습니다. 이를 통해 이방인의 사도이자 교회를 확장한 사도 바울의 권위를 베드로의 권위와 대등하게 보여 주고자 한 의도를 발견할 수 있습니다.

사도행전은 결론이 맺어지지 않은 상태로 급격하게 끝난다는 특징이 있습니다. 바울이 2년 동안 로마 감옥에 갇힌 채 황제 가이사 앞에서 재판받기를 기다리는 모습이 마지막 장면입니다. 누가는 사도 바울이 그 후 어떻게 되었는지에 대해서는 전혀 설명하지 않습니다. 왜 그랬을까요? 신학적 의미에서 보자면, 이것은 당시 초대 교회에서 시작한 세계 복음화를 후대 교회가 이어 완성시켜야 한다는 의도로 볼 수 있습니다. 다르게 표현하면, '성령의 역사는 지속되며, 그것을 믿고 도전하는 이들을 통해 사도행전은 계속된다'는 것입니다. 그렇기에 이제 우리 모두는 '사도행전 29장'을 계속해서 써 나가야 하는 것입니다.

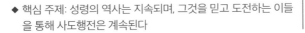

◆ 핵심 단어: 누가복음의 저자, 유대주의의 완성, 기독교의 합법성, 교회의 지속적 성장, 성령 충만, 증인, 땅끝, 성령의 주권과 간섭, 사도 베드로와 사도 바울, 사도행전 29장

▶ 강의 영상

◆ 핵심 주제: 성령의 역사는 지속되며, 그것을 믿고 도전하는 이들을 통해 사도행전은 계속된다

# 6

# 로마서

로마서는 사도 바울에 의해 쓰였습니다. 로마서 내용에 따르면, 바울은 여러 번 로마 방문을 시도했으나 번번이 가지 못했습니다(롬 1:13, 15:22-24상). 그럼에도 그는 여전히 로마 교회를 방문하고 싶다는 사실을 말했으며, 로마 성도들에게 자신의 방문을 준비시키고자 이 서신을 기록한 것으로 보입니다.

이 서신이 쓰일 당시는 바울이 3차 선교 여행의 끝 무렵에 들어선 때였습니다(행 20:1-5). 주후 57년 또는 58년경 고린도에서 썼을 것입니다(롬 16:1). 바울은 마케도니아와 아가야에서 예루살렘의 성도들 중 가난한 이들을 위한 모금 사역 중이었습니다. 그는 선교 여행 중 많은 사람으로부터 로마 교회에 대한 소식을 들었을 것입니다. 로마서 16장에 언급되어 있는 수많은 성도의 이름은 직접 로마에 가 보지는 않았지만 그곳의 교회에 대하여 잘 알 수 있도록 도와준 이들일 것입니다. 사도 바울은 로마 방문이 멀지 않았다는 확신이 들자 비서 격인 더디오를 통해 로마서를 작성하여 보내게 된 것입니다(롬 16:22).

　무엇보다 로마서는 사도 바울이 로마 교회를 방문하기에 앞서 그곳의 성도들이 믿음에 굳게 설 수 있도록 돕고자 하는 의도가 있습니다(롬 1:11, 15). 또한 방문 후에 계획하고 있었던 스페인(서바나) 선교의 재정적 후원을 받으려는 생각도 있었습니다(롬 15:24, 28). 유대 그리스도인들을 돕기 위해 모금하는 상황이었기에 이방인이 다수였던 로마 교회의 그리스도인들에게 자칫 오해를 살 수 있었습니다. 이를 염두에 둔 듯, 사도 바울은 인종까지도 초월하는 그리스도 안에서의 연합을 강조합니다.

　로마서의 특징을 논하기 전에 먼저 다루어야 하는 것은 "과연 누가 로마 교회를 세웠는가?"라는 질문입니다. 로마서를 보면, 사도 바울이 로마 교회를 세우지 않았음은 자명합니다. 그렇다고 가톨릭교회가 주장하는 것처럼 베드로 사도가 로마 교회를 세운 것도 아닙니다.

　이 질문에 대한 해답을 찾아가는 데 있어 중요한 역사적 사료 하나가 있습니다. 바로 로마의 역사학자 수에토니우스(Suetonius)가 주후 49-50년 글라우디오(Claudius)황제 때 "'그리스도'['Christus'를 'Chrestus'라고 잘못 기록]라 불리는 자의 선동으로 로마에서 폭동이 일어나 로마에 살던 유대인들을 로마 밖으로 다 축출했다"라고 기록한 것입니다(참고 행 18:2). 이러한 비그리스도인 역사가의 기록은 폭동의 주동자를 예수 그리스도로 오해한 결과라고 볼 수 있습니다.

　이런 사실들을 종합해 볼 때 로마 교회는 사도들이나 로마인들에 의해 세워진 것이라기보다는 예루살렘을 방문했던 유대인들과 이방인 개종자들이 오순절 성령 강림을 경험한 후 로마로 돌아와 세운 것이라 결론 내리는 것이 가장 합당합니다(행 2:10).

　로마서 1장 12절의 "너희와 나의 믿음으로 말미암아 피차 안위함을 얻으려 함이라"라는 표현에 나타나듯, 로마서는 '복음의 성격'에 대한 거대한 논문과 같은 책이라 말할 수 있습니다. 로마서를 논문이라고 본다면 논문의 주제는 '오직 믿음으로만 의롭게 된다'는 "이신칭의"(justification by faith)일 것입니다. 핵심 구절은 1장 17절로, "복음에는 하나님의 의가 나타나서 믿음으로 믿음에 이르게 하나니 기록된 바 오직 의인은 믿음으로 말미암아 살리라 함과 같으니라"입니다. 이는 종교개혁가인 마르틴 루터를 변화시킨 구절이기도 합니다. 이 구절에 나타난 "의로움", "믿음", "삶"이라는 3개의 핵심 주제는 로마서를 이해하는 데 중요한 역할을 합니다.

　인간의 죄성에 대해 로마서는 "의인은 없나니 하나도 없으며"(롬 3:10)라고 명확하게 지적합니다. 그것이 인간의 현재 모습입니다. 결과적으로 인간은 자신의 행위나 유대교의 율법을 지킴으로써 의롭게 될 수 없습니다. 하지만 다른 길이 있습니다. 오직 하나님의 은혜로 값없이 의롭다 하심을 입게 되는 길입니다(롬 3:24). 그것은 오직 '믿음'을 통해서만 가능합니다(롬 3:22). 하나님이 독생자이신 예수 그리스도를 인간을 위한 속죄물로 보내 주신 것, 그것이 기쁜 소식, 즉 복음의 핵심입니다. 믿음을 통해 어느 누구나 의롭다는 칭함을 얻을 수 있게 되는 것이 '이신칭의'의 핵심입니다.

그러나 서신은 단순히 믿음으로 의롭게 된다는 데에서 그치지 않습니다. 12장부터는 믿음이 어떻게 '삶'으로 나타나야 하는가를 강조합니다. 한마디로 '의를 입은 자'로서 걸맞은 행함을 매일의 삶 속에서 보여 주어야 한다는 것입니다(롬 12-15장). 삶과 분리된 교리란 존재할 수 없기 때문입니다. 행함으로 나타나는 믿음인 '동사형 믿음'을 갖고 살아야 하는 것입니다.

오늘날 우리는 로마서 앞부분에서 의인은 '믿음으로만 산다'고 한 말을 '믿음 후에는 아무렇게나 살아도 구원받는다'는 의미로 오해한 채 살고 있지는 않은지 점검이 필요합니다. 로마서의 뒷부분에는 "오직 주 예수 그리스도로 옷 입고 정욕을 위하여 육신의 일을 도모하지 말라"(롬 13:14)라고 하면서 우리의 삶이 예배임이 강조되어 있음을 묵상하시기 바랍니다(롬 12:1).

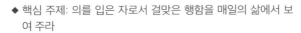

◆ 핵심 단어: 사도 바울, 그리스도 안에서의 연합, '복음의 성격'에 대한 거대한 논문과 같은 책, 이신칭의, 오직 하나님의 은혜, 동사형 믿음

▶ 강의 영상

◆ 핵심 주제: 의를 입은 자로서 걸맞은 행함을 매일의 삶에서 보여 주라

# 7

# 고린도전서

펠로폰네소스반도와 그리스 본토를 연결하는 지협에 위치한 고린도는 지중해의 동서를 연결하는 묘한 지형으로 인해 그리스에서 가장 활발한 상업 중심지로서, 물질적인 번영을 누린 도시입니다. 현대에도 이 두 곳을 연결하는 고린도 운하는 세계 3대 운하(수에즈, 파나마) 중 하나로 절경을 이룹니다.

고린도는 서쪽으로는 이오니아해와 이탈리아로 향하는 레카이온 항구, 동쪽으로는 아테네를 바라보면서 에게해로 나갈 수 있는 겐그레아 항구가 있어 각각 아시아와 이탈리아로 연결되었습니다. 또한 주후 1세기 중엽 해방된 노예, 퇴역 군인, 상인, 무역상 등이 고린도로 흘러들어 왔고, 잡다한 인종들이 모여 살면서 활기 넘치는 신흥 도시의 모습을 띠고 있었으며, 물질주의적 사치스러움이 넘치는 도시였습니다. 아프로디테 신전을 비롯하여 여러 신전들과 종교 창녀들로 인해 관능적 생활 방식과 방탕한 삶을 즐기는 도시이기도 했습니다.

이러한 고린도는 사도 바울의 두 번째 선교 여행의 중심지로, 그는 그곳에서 1년 6개월을 머물렀으며 브리스길라와 아굴라도 만나게 됩니다(행 18:11). 그렇게 탄생한 고린도 교회는 비교적 부유한 교인의 집에서 모임을 가졌으나, 교인 대부분은 도시 중심가에 거주하는 최하층이었습니다. 고린도전서를 쓰기 이전 사도 바울이 고린도를 떠난 후 발생한 문제들을 해결하기 위해 적어도 한 통의 편지를 교인들에게 보냈는데, 안타깝게도 그 편지는 신약 성경에 들어 있지 않습니다(고전 5:9). 사도 바울은 이렇게 원거리로 서신을 주고받으며 목회를 했고, 고린도전서는 그가 에베소에 머물면서 쓴 것으로(고전 16:8) 저작 시기는 주후 54-55년경으로 추정됩니다.

고린도전서를 쓴 직접적 발단이 된 두 가지를 서신의 내용에서 발견할 수 있습니다. 첫 번째는 1장 11절, "글로에의 집 편으로 너희에 대한 말이 내게 들리니"에서 알 수 있듯이, 그들이 사업 차 에베소에 갔다가 바울을 방문해서 고린도 교회가 여러 가지 분쟁으로 풍비박산의 위기에 처해 있음을 전한 것입니다. 두 번째는 고린도 교회에서 보낸 일행(스데바나와 브드나도와 아가이고)이 가져온 헌금에 대한 감사를 전하고(고전 16:17), 그들이 가져온 서신에 담긴 여러 의문들에 대한 답변을 주기 위한 목적이 있었습니다. 자주 등장하는 '너희가 쓴 문제에 대하여'(고전 7:1, 25, 8:1, 12:1, 16:1)와 같은 표현은 바울이 어떤 질문에 대해 답을 주고 있음을 보여 줍니다.

고린도 교회는 권력 투쟁과 연관된 문제로 인해 분열되어 있었습니다. 교인들 사이에 지위를 확보하기 위해 자신들이 편애하는 사도들을 중심으로 당을 지어 바울파, 베드로파, 아볼로파와 그리스도파로 나뉘어 다투었습니다. 또한 그 당시 '고린도 사람처럼 행하다'라는 말이 '성적으로 부도덕하다'라는 의미의 대명사였는데, 이러한 세속적으로 퇴폐한 생활방식과 성적 문란함이 교회에도 침투해 있었습니다. 그들 안에 의붓어머니와 동거하는 근친상간의 문제가 있었으며, 창녀와 관계를 맺는 이들도 있었습니다. 그렇기에 고린도전서는 다른 어떤 서신보다도 성(性), 결혼, 이혼, 독신 등 성 윤리에 대해 자세히 다룹니다.

그 외에도 교우들 간에 분쟁이 생겼을 때 툭하면 이교도 법정에 가서 소송하는 문제(고전 6장), 우리나라와 같이 고사나 제사가 만연한 문화에서 일어날 수 있는 우상에게 드려진 제물을 먹는 문제(고전 8장), 먼저 온 자들이 성만찬에서 배를 채워서 뒤늦게 온 가난한 자들은 만찬에 참여하지 못하고 음식이 없어 굶는 형식적 예배 의식의 문제(고전 11장), 부활 신앙을 부인하는 자들의 문제(고전 15장) 등 각양각색의 문제들이 산적해 있었으며, 고린도전서는 이런 이슈들을 하나하나 다루어 나갑니다.

교단을 나누고 교회와 교인들을 분열시키는 '성령의 은사'에 대한 가르침은 고린도전서에서 가장 중심이 되는 주제입니다. 사도 바울은 하나님이 서로를 유익하게 하려고 은사를 주신 것임을 주지시키며 더 큰 은사를 사모하라고 가르치는데, 그것이 '사랑 장'으로 유명한 13장입니다. 그는 영적 은사를 구하며 살되, 그 모든 것이 "덕을 세우기 위하여"(고전 14:26), 그리고 사랑의 영 안에서 행해져야 한다고 말합니다.

고린도 성도들은 학문적인 이슈들이 아니라, 자신들이 처한 문화 속에서 매일 당면하는 문제들에 대해 성경적인 답을 구하고 있었습니다. 사도 바울은 고린도전서를 통해 어떻게 신앙을 삶에 적용할 수 있는지 알려 주고, 때로는 친절하게, 때로는 꾸짖으며 조언을 주기에 고린도전서는 신약에서 가장 실용적인 책으로 꼽히며 실천 신학의 보화로 알려져 있습니다. 겉으로는 그들의 문제가 현대의 교인들이 세속적인 환경에 살면서 직면하고 있는 문제들과 문화적으로 차이가 있어 보이나, 내용을 살펴보면 크게 다르지 않다는 것을 알게 될 것입니다. 우리 또한 고린도전서를 통해 실제적으로 많은 도움을 받기 바랍니다.

◆ 핵심 단어: 고린도, 상업 중심지, 방탕한 삶, 분쟁, 여러 의문들에 대한 답변, 성 윤리, 성령의 은사, 사랑 장, 신약에서 가장 실용적인 책, 실천 신학의 보화

▶ 강의 영상

◆ 핵심 주제: 매일 당면하는 문제들에 대한 성경적인 답을 찾아 삶에 적용하라

# 8

# 고린도후서

사도 바울은 3차 선교 여행 도중 마케도니아에서 고린도후서를 씁니다. 내용으로 보아 고린도전서와 시간 차가 크지 않을 때 쓰였을 것입니다. 서신 교환을 통해 고린도 교회의 문제를 해결하려고 했던 일이 실패했던 것입니다. 이 때문에 사도 바울은 편지에서 원래 그들을 방문하고자 하는 계획을 세웠었다고 밝힙니다. 그러나 방문이 성사되지 않았고, 대신 디도를 통해 그들에게 편지를 써서 보냈습니다. 디도가 그들에게 전달한 이 서신은 신약 성경에는 없는 것으로, "내가 편지로 너희를 근심하게 한 것"이라는 7장 8절의 표현 때문에 '근심의 편지' 또는 '비통한 편지'(sorrowful letter)라고 불립니다.

그 편지에서 제시한 해결책이나 요구 사항들을 교회가 기쁘게 받아들였다는 소식을 디도로부터 전해 받은 사도 바울은 기쁨을 전함과 동시에 자신이 교회에 대해 안도하고 있음을 알리기 위해 고린도후서를 쓰게 됩니다(고후 1-7장). 또한 예루살렘의 유대 그리스도인들을 돕기 위한 모금 참여를 독려하며 (고후 8-9장), 자신을 '대적하는' 소수의 무리를 향해 자신의 사도적 권위를 변호하기 위한 목적도 포함시킵니다(고후 10-13장).

고린도후서는 서신 자체가 독특하고 뛰어난 문학 작품이라고 할 수 있습니다. 서신의 경지를 뛰어넘어 마음을 진솔하게 털어놓은 이야기로서의 독백이라 볼 수 있습니다. 고린도 성도들을 향해 자신의 마음을 희석되지 않은 언어로 토로하고 있다는 특징이 있습니다. 자신의 의도를 오해하는 그들을 향해 가슴 아픔을 표현하며, 그들 간에 다툼을 일으키는 이들을 혹평하기도 하며, 자신의 개인적 고통을 통해 경험하는 하나님의 축복과 성숙하게 하심을 찬양하기도 합니다. 그런 가운데 놀랍게도 복음의 진수를 절묘하게 결합시켰다는 면에서 '훌륭한 문학 작품'이라는 표현이 전혀 과하지 않습니다.

자신이 방문하는 대신 서신을 보내기로 결정했다고 말한 후 사도 바울은 자신의 상황에 대한 마음을 나누는데, 그 내용의 핵심은 자신이 '새 언약의 일꾼'이라는 것입니다. 구약에서 약속된 새 언약(렘 31:31-34; 겔 36:22-32)을 논하는 것이 고린도 교회가 직면하고 있는 문제를 다루는 데 있어 적절하다고 판단한 것입니다. 새 언약의 핵심은 돌 판에 새겨진 외적인 율법이 아니라, 그들의 마음에 새겨진 하나님의 법이며(렘 31:33), 그들 가운데 거하시는 성령입니다(겔 36:27). 그 결과 사도 바울을 포함한 하나님의 일꾼들은 "그리스도의 향기"(고후 2:15)가 되는 것입니다.

사도 바울은 더 이상 옛 언약은 유효하지 않다고 말하며 새 언약의 영광을 논하면서 복음에 대한 가르침을 더합니다. 보이는 것과 보이지 않는 것이라는 차이가 옛 언약과 새 언약의 가장 커다란 차이일 것입니다. 지금이나 그때나 사람들은 보이는 것에 관심이 더 많습니다. 그러나 사도 바울은 "우리가 주목하는 것은 보이는 것이 아니요 보이지 않는 것이니 보이는 것은 잠깐이요 보이지 않는 것은 영원함이라"(고후 4:18)라는 사실을 분명히 합니다.

그러나 고린도 성도들은 외적인 것을 주장하는 일에 마음이 쏠려 있었으며, 10-12장에서 언급된 '큰 사도들'의 가르침에 현혹되어 있었습니다. 이들의 잘못은 단순히 사도로서 사도 바울의 권위에 도전한 데 있는 것이 아니라, 그가 전해 준 복음의 진수를 왜곡하는 것이 더 큰 문제였던 것입니다. 그렇기에 새 언약에서 새로운 마음이 그토록 중요한 개념인 것입니다.

사도 바울은 사도로서의 권위를 통해 서신의 마지막까지 강하게 경고합니다. 그는 예수 그리스도 안에서 그의 약하고자 함이 약함으로 이해되는 것을 원하지 않았습니다. "우리도 그 안에서 약하나 너희에게 대하여 하나님의 능력으로 그와 함께 살리라"(고후 13:4)라는 것이 그가 원하는 것이었습니다. 결국 중요한 것은 '누가 옳은 자인가?'가 아니라 '옳은 것, 즉 선한 것을 행하는 것'입니다(고후 13:7). 서신에서 그들을 향해 강한 어조로 말하고자 했던 것은 그들을 넘어뜨리기 위함이 아니라 오히려 세우기 위함이며, 그것이 하나님이 바울에게 주신 사도의 권한임을 분명히 합니다(고후 13:10). 우리도 이 서신을 읽으며 새 언약 안에서 새로운 마음으로 세움을 받기 원합니다.

## 고린도후서의 기록 목적

- 기쁨과 안도를 전하기 위해(고후 1-7장)
- 모금 참여 독려(고후 8-9장)
- 사도적 권위 변호(고후 10-13장)

## 고린도후서의 특징

- 마음을 진솔하게 털어놓은 이야기
- 오해로 인한 가슴 아픔을 표현
- 다툼을 일으키는 이들을 혹평
- 고난 중에 경험하는 하나님을 찬양
- 훌륭한 문학 작품

◆ 핵심 단어: 3차 선교 여행, 훌륭한 문학 작품, 하나님 찬양, 복음의 진수 결합, 옛 언약과 새 언약, 새로운 마음, 그리스도의 향기, 보이는 것과 보이지 않는 것

▶ 강의 영상

◆ 핵심 주제: 새 언약 안에서 새로운 마음으로 세움을 받으라

# 9

# 갈라디아서

'갈라디아'는 어느 특정한 도시나 장소가 아니라, 사도 바울이 1차 선교 여행을 다녔던 소아시아 지역에 속한 어떤 지역을 지칭합니다. 이런 면에서 특정 교회에 쓰인 다른 서신과 차이가 있습니다. 서신의 내용이나 사도행전과의 연관성을 통해 볼 때 갈라디아서는 사도 바울의 서신들 중 가장 먼저 쓰인 것으로 판단됩니다. 이 지역의 교회들은 거짓 가르침을 전파하며 '유대주의자'(Judaizers)로 불리는 교사들로 인해 신앙이 흔들리고 있었습니다. 갈라디아서의 목적을 알기 위해서는 먼저 이 유대주의자라고 불리는 무리에 대한 이해가 필요합니다.

유대주의자들은 일반 유대인들과는 다르게 초기 기독교 내에 있었던 특정한 유대인 무리였습니다. 그들의 핵심적인 가르침은 "누구든지 그리스도인이 되려면 바리새인들처럼 율법을 지키거나 유대인이 되어야 한다"는 주장이었습니다. 그들은 이스라엘 율법에 온전히 헌신하는 것이 그리스도께 회심했다는 최고의 표시라고 주장함으로써 기독교를 '그리스도 + 모세주의'라는 종교적 체계로 만들려고 시도했습니다. 사도 바울은 이 같은 '믿음 + 철저한 율법 준수'라는 주장을 그리스도의 십자가 사역으로 완성된 구원의 충분성을 부정하는 것으로 보았습니다. 동시에 윤리적 삶의 원동력이 되는 성령을 저버리는 것이라고 통렬히 반박했습니다.

유대주의자들은 '신앙 + 율법주의' 사상을 '새 메시지'이자 '다른 복음'이라고 불렀기 때문에 단순한 문제가 아니었습니다. 그러나 바울은 "다른 복음은 절대로 없다"고 강조합니다. 그들은 기독교를 '그리스도 + 모세' 형식인 율법 체계에서 나온 운동이라 여기고, 그리스도인들이 예수 그리스도께 순종할 것이 아니라, 단지 '그룹에 속할 것'을 주장했던 것입니다.

사도 바울은 자신의 가르침을 떠나 너무나 쉽게 유대주의자들의 유혹에 넘어간 교회들을 바로잡기 위하여 이 서신을 씁니다. 그렇다 보니 갈라디아서를 쓸 때 사도 바울의 감정이 얼마나 격했는지 서신의 시작부터 느낄 수 있습니다. 사도 바울의 다른 서신과는 달리, 갈라디아서에는 소위 '외교적'이라 할 수 있는 칭찬 문구가 전혀 없습니다. 그만큼 그들의 상황이 실망을 뛰어넘어 의로운 분노의 감정까지 불러일으켰음을 나타냅니다.

다른 복음을 전하는 이들을 향한 사도 바울의 격한 감정은

5장 12절의 '할례를 요구하는 이들이 할례 정도가 아니라 칼이 더 깊이 들어가 스스로 베어 버리기를 원한다'라는 과격한 표현에서도 잘 드러납니다. 얼마나 힘이 들었는지, 서신의 끝부분에서 "이후로는 누구든지 나를 괴롭게 하지 말라"(갈 6:17)라고 말할 정도입니다. 이러한 감정의 진솔함과 유대주의자들의 주장에 대한 반박이 갈라디아서의 가장 큰 특징입니다.

유대주의자들의 주장 중 특히 할례(갈 2:3, 5:6, 6:12)와 음식에 대한 법을 다룹니다. 음식에 대한 것은 무엇을 먹느냐와 누구와 먹느냐(갈 2:11-14)를 구체적으로 다루고 있습니다. 오직 유대인들에게만 해당되는 이러한 율법을 이방인들에게도 요구하는 것은 민족주의적, 인종적 편견이라고밖에 말할 수 없습니다.

사도 바울이 율법에 대한 무효함을 논한다고 해서 율법의 조문이나 도덕적 규칙의 선한 기능 자체를 부정한 것은 아닙니다. '오직 예수 그리스도'만으로 충분함을 인정하지 않고 다른 것을 더하여 기독교를 변질시키기 때문에 율법주의를 배척한 것입니다. 갈라디아서의 문제는 초대 교회가 초창기에 겪어야 했던 문제였습니다. 교회에 이방인들이 많아지면서 이방인들과 율법의 관계는 피할 수 없는 것이었습니다. 갈라디아서는 이러한 문제에 대한 과감하고도 확실한 답을 제시해 줍니다. 우리 또한 거기에 대한 확실하고도 명료한 답을 가지고 신앙생활을 해야겠습니다.

## 유대주의자들에 대한 이해

- '유대주의자들'은 초기 기독교 내 존재한 특정 유대인 무리
- 그리스도인이 되려면 율법을 지키거나 유대인이 되어야 한다고 주장
- 율법에 온전히 헌신
- 기독교는 '그리스도+모세' 형식인 율법 체계에서 나온 운동이라고 주장
- 구원의 충분성 부정
- '신앙 + 율법주의'는 새 메시지이자 다른 복음이라고 부름.
- 그리스도인은 예수 그리스도에게 순종할 것이 아니라 단지 그룹에 속할 것을 주장

## 갈라디아서의 특징

- 유혹에 넘어간 교회들을 바로잡기 위해서 갈라디아서 기록
- 감정이 격하고 칭찬 문구가 전혀 없음
- 의로운 분노의 감정, 과격한 표현
- 자기 감정의 진솔함과 유대주의자들의 주장에 대한 반박이 큰 특징
- 할례와 음식에 대한 법을 다룸(특히 음식은 누구와 먹느냐, 무엇을 먹느냐를 구체적으로 다룸)

## 바울이 율법주의를 배척한 이유

- 오직 예수 그리스도만으로 충분함을 인정하지 않음
- 다른 것을 더하여 기독교를 변질시키기 때문

◆ 핵심 단어: 바울의 첫 서신, 유대주의자, 율법, 그리스도 + 모세주의, 구원의 충분성을 부정, 새 메시지, 다른 복음, 과격한 표현, 오직 예수 그리스도

▶ 강의 영상

◆ 핵심 주제: 오직 예수 그리스도 외에 다른 복음은 없다

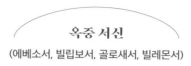

## 옥중 서신

(에베소서, 빌립보서, 골로새서, 빌레몬서)

사도 바울은 사역을 하면서 옥에 갇히는 고충을 여러 번 당했습니다. 정확히 몇 번인지 알 수 없으나, 고린도후서 11장 23절을 보면 거짓 사도들과 비교해 "옥에 갇히기도 더 많이 하고"라고 한 표현에서 그 횟수가 적지 않음을 상상할 수 있습니다. 아마 빌립보에서처럼 하루 동안 감금되었던 것(행 16장)도 포함한 표현일 것입니다. 사도행전에는 최소한 2회 감옥에 갇혀 지냈다는 기록이 나오는데, 한 번은 가이사랴, 그리고 또 한 번은 28장에 나오는 가이사 앞에서의 재판을 기다릴 때 로마 감옥에서입니다.

이 두 곳 중 초대 교회의 전통에 따르면, 옥중 서신은 로마에서 썼을 가능성이 높습니다. 사도행전에 나오듯 사도 바울은 로마에서 하나님의 은혜로 가택 연금 상태에서 비교적 자유롭게 살면서 2년 동안 열심히 복음을 전파할 수 있었던 것 같습니다(행 28:30). 이 과정 중에 다른 교회를 권면하고 소통하면서 옥에 갇혀 있는 상태에서 서신들을 보내게 되는데 에베소서, 빌립보서, 골로새서, 빌레몬서 등 4권의 서신이 신약에 포함되어 있고, 바로 이것들을 '옥중 서신'이라 부릅니다.

성경의 순서는 서신의 분량에 따라 결정된 듯하나, 시대적으로 볼 때 빌레몬서와 골로새서, 에베소서, 빌립보서의 순서로 쓰인 듯합니다. 이 순서로 이야기를 구성해 보면 다음과 같습니다.

사도 바울은 죄수의 몸이 되어 로마에 머물던 중 오네시모라는 죄수를 만나게 되는데, 그는 사도 바울로 인해 기독교로 개종하게 됩니다. 사도 바울은 오네시모를 골로새에 살고 있는 원래 주인인 빌레몬에게 빌레몬서라는 개인적 성격의 서신과 함께 보내게 됩니다. 하지만 그를 혼자 보내지 않고 골로새서 4장에 나오듯, 그의 동역자인 두기고와 함께 보냈으며 더불어 골로새에 있는 교회에게도 골로새서를 보냅니다. 이들이 로마에서 아시아에 있는 골로새로 가고자 했다면 배로 에베소라는 항구를 거치는 것은 자연스러운 여정이었을 것입니다. 에베소서 6장 인사 부분에서 두기고를 언급하는 것을 보면 그때 에베소서도 함께 가져갔을 것이라고 추정할 수 있습니다.

순서상 에베소서가 나중에 쓰였다고 생각하는 근거는 에베소서 전체 문구의 3분의 1가량이 골로새서에서 취한 것으로, 서신 전체가 골로새서에 의존하고 있다는 깊은 인상을 주기 때문입니다.

빌레몬서, 골로새서, 에베소서 등 세 서신을 두기고와 연결할 수 있으나, 빌립보서는 빌립보 교회가 바울에게 파견한 에바브로디도와 연결되어 있으며(빌 2:25) 내용상으로도 다른 3개의 옥중 서신과 차이가 많이 납니다.

### 옥중 서신의 기록 장소

- 가이사랴(행 24장) 로마의 감옥(행 28장)

### 옥중 서신의 기록 배경

- 에베소서, 빌립보서, 골로새서, 빌레몬서 등 신약의 이 4권을 옥중서신이라 부름
- 성경 순서는 서신의 분량에 따라 결정된 듯함
- 시대적으로는 빌레몬서-골로새서-에베소서-빌립보서 순서
- 에베소서 전체 문구 3분의 1가량을 골로새서에서 취함

▶ 강의 영상

# 10

# 에베소서

에베소서는 사도 바울이 로마의 감옥에서 쓴 옥중 서신입니다. 로마 제국 아시아 지역의 주요 도시인 에베소는 해상과 육상의 무역로가 교차되는 지리적 위치 때문에 교통과 상업의 중심지 역할을 했으며, 터키 서부 해안에 있던 항구 도시입니다. 특히 세계 7대 불가사의 가운데 하나로 손꼽히는 풍요의 여신 아데미 신전이 그 위용을 자랑하여 항상 수많은 순례자가 각 지역에서 모여들었으며, 신전 주변에는 숙박업을 하거나 기념품을 파는 자들로 상권이 형성되어 있었습니다. 현대에도 에베소 유적지는 끊임없이 관광객들이 모여들어 북새통을 이루는 곳입니다.

사도행전에 따르면, 에베소 교회는 사도 바울이 3차 선교 여행 때 3년을 머물면서 눈물로 목양한 교회입니다(행 20:31). 다른 어떤 도시보다도 사도 바울이 오래 머물렀기에 개인적으로도 특별한 관계를 지닌 교회이며, 사도 바울의 영적 아들인 디모데가 그곳에서 사역을 할 정도로 지속적으로 사도 바울의 영향력 아래 있었던 곳입니다.

흥미로운 사실은 에베소서가 다른 서신들과는 달리 '에베소 교회의 특정 문제'를 전혀 다루지 않는다는 것입니다. 교회에 해당되는 특정한 문제를 다루기보다는 그 당시 어디서나 관심을 가질 만한 일반적 내용을 다루고 있다는 면에서, 많은 교회가 서로 회람하도록 의도되지 않았을까 하는 추측을 하게 됩니다. 3년이라는 세월을 사역했음에도 다른 서신의 마지막 부분에 일반적으로 나오는 지인들을 향한 인사가 에베소서에는 없다는 사실 때문에 이러한 추측은 더욱 힘을 얻습니다.

에베소 교회가 당시 소아시아 여러 교회들의 중심이었고, 주위 교회들의 모교회였으며, 에베소가 로마 제국의 주 도시였다는 사실을 생각해 볼 때 이 추측은 타당합니다. 아마도 두기고(엡 6:21-22)가 골로새서와 빌레몬서를 가지고 골로새를 향해 지나가는 길에 에베소에 있는 교회들에게 에베소서를 전했을 것입니다. 성경의 순서상 나중에 나오기는 하지만, 골로새서를 읽어 본 사람이라면 골로새서의 많은 부분이 에베소서에서 반복되고 있다는 것을 발견할 수 있습니다.

사도행전의 기록을 보면, 바울이 에베소에 있었을 때 많은 사건이 일어났습니다. 12명쯤 되는 세례 요한의 제자들이 바울에게 세례를 받았고(행 19:1-7), 바울이 두란노 서원에서 날마다 주의 말씀을 가르쳤으며(행 19:8-10), 병을 치료하고 악귀를 쫓는 놀라운 기적을 행했으며(행 19:11-12), 마술을 행하던 사람들이 자복하고 마술 책을 불사르는 일들이 일어납니다(행 19:17-20). 또한 데메드리오라 하는 은장색의 주동으로 아데미 여신의 이름을 외치며 소동을 일으켜 바울을 대적하는 일도 당합니다(행 19:23-41).

에베소서는 하나님의 영원한 계획 속에 있는 이방인 그리스도인들의 위치에 초점을 맞추고 있습니다. 유대인과 이방인 그리스도인들이 그리스도 안에서 하나임을 가르칩니다. 이방인들이 하나님의 백성이 된 것은 원래부터 준비된 하나님의 계획이었는데 예수 그리스도의 부활 이후에야 사도들에게 알려졌으며, 이처럼 창조 전부터 계획된 새로운 방향에 대해 설명하고자 이 서신을 쓴 것입니다. 그리스도의 몸 된 교회는 그리스도에 의한 하늘의 능력을 부여받았는데, 그러한 특권에는 내적으로는 거룩한 삶, 외적으로는 복음의 전파라는 선교적 책임이 따른다는 사실 또한 강조되어 있습니다.

사도 바울은 자신이 쓴 서신들에서 '사랑'이라는 단어를 동사와 명사를 합쳐 107회 사용했는데, 그중 19회가 에베소서에서 나옵니다. 무려 전체의 6분의 1에 해당되는 분량입니다. 에베소서는 앞부분부터 '사랑'으로 시작해서(엡 1:4, 6) '사랑'으로 끝납니다(엡 6:23-24).

그럼에도 요한계시록을 보면, 예수님은 아시아의 일곱 교회 중 하나인 에베소 교회를 향해 "너의 처음 사랑을 버렸느니라"(계 2:4)라고 책망하십니다. 어디서 잘못되었는지를 생각하고 회개하여 처음 행위를 가지라고 견책하시는 말씀이 이어서 나옵니다. 사도 바울이 사랑을 그토록 강조했건만 결국 그 첫사랑을 버린 에베소 교회가 안타깝습니다. 예수님에 대한 우리의 첫사랑은 어떠한지가 따끔하게 다가오는 부분입니다.

## 에베소서의 특징

- 에베소 교회의 특정 문제를 다루지 않음
- 누구나 관심 있는 일반적 내용 다룸
- 지인들을 향한 인사가 없음
- 유대인과 이방인이 그리스도 안에서 하나임을 가르침(이방인을 향한 하나님의 계획)
- 바울 서신에 '사랑' 단어 107회 등장, 그중 19회가 에베소서에 나옴(에베소서는 사랑으로 시작해 사랑으로 끝남)

◆ 핵심 단어: 옥중 서신, 항구 도시, 사도 바울의 3차 선교 여행, 이방인을 향한 하나님의 계획, 그리스도의 몸 된 교회, 거룩한 삶, 복음의 전파, 사랑, 요한계시록, 책망

▶ 강의 영상

◆ 핵심 주제: 유대인과 이방인 그리스도인들은 그리스도 안에서 하나다

# 11

# 빌립보서

빌립보서는 사도 바울이 로마의 감옥에서 쓴 옥중 서신입니다. 빌립보는 사도 바울이 마케도니아 사람이 와서 도와 달라고 하는 환상을 보고 간 마케도니아 지방의 첫 도시였으며, 2차 선교 여행 때 세운 유럽 대륙의 첫 교회였습니다(행 16장). 빌립보는 마케도니아 지역의 동쪽, 에게해의 북쪽 끝에 위치해 있습니다.

사도행전 16장을 보면, 빌립보에서 바울은 자색 옷감 장사 루디아를 만나 그녀의 집에서 교회를 시작하게 되었으며, 점치는 귀신 들린 여종을 치료한 일로 인해 많이 맞고 감옥에 갇힌 후 거기서 만난 간수를 구원하는 등 다양한 경험을 하게 됩니다. 아이러니한 것은, 하나님의 환상을 보고 그 지역에 있는 도시에 갔으나 박해와 추방이 그를 기다리고 있었다는 점입니다. 그런 독특한 인연 때문인지 빌립보 교회는 바울을 특별히 사랑했던 것 같습니다. 사도 바울이 감옥에 있을 때 그들은 쓸

것들을 공급하며 옥바라지를 했습니다. 바울은 빌립보 성도들의 그런 정성을 감사히 여겨 일종의 '감사 카드'처럼 빌립보서를 썼으며, 다른 편지에서도 그런 사실을 언급합니다(빌 4:16; 고후 11:9). 그렇기에 에베소서와 골로새서의 내용이 교리적이라면, 상대적으로 빌립보서는 간증적이고 실천적이라고 말할 수 있습니다.

본문에는 빌립보 성도들의 이러한 사랑과 헌신에 대한 사도 바울의 마음이 잘 드러나 있으며, 빌립보 교회를 향한 감사와 칭찬이 가득합니다. 바울은 무엇보다도 그들에게 자신이 처한 상황을 알려서 성도들의 걱정을 덜고 자신으로 인해 맺어진 열매들을 나누고자 합니다.

특히 그가 자신의 상황을 알려 주는 모습에서 예수 그리스도를 향한 그의 온전한 헌신을 찾아볼 수 있습니다. "나의 간절한 기대와 소망을 따라 아무 일에든지 부끄러워하지 아니하고 지금도 전과 같이 온전히 담대하여 살든지 죽든지 내 몸에서 그리스도가 존귀하게 되게 하려 하나니"라는 1장 20절의 고백 속에서 사도 바울이 복음에 대해 어떤 자세로 살았는지, 죽음을 앞에 두고 무엇에 최고의 소망을 두고 살았는지를 분명히 알 수 있습니다.

바울에게 빌립보 교회의 선물을 가져온 이는 에바브로디도입니다. 그는 죽을병에 걸려 모든 이를 염려시키다가 회복됩니다(빌 2:25-30). 그가 나은 후 바울은 그를 빌립보로 돌려보내며 보내 준 선물에 대한 감사와 함께 그들 가운데 있는 다툼이나 경쟁심과 같은 내부적 갈등(빌 2:3-4, 4:2) 및 유대주의자들에 대한 경고를 담아 서신을 보냅니다. 또한 디모데의 빌립보 방문 예정과 자신 또한 방문하고 싶다는 소원을 알리며, 교회 내부적으로 갈등을 겪는 상황에서 성도들이 믿음 안에서 하나가 되어 줄 것을 격려하고 권면하고자 하는 목적으로 이 서신을 썼습니다.

빌립보서는 그리스도인의 삶에서 중요한 두 가지 요소를 강조하고 있습니다.

첫째는 기쁨의 중요성입니다. 빌립보서에서는 '기쁨'이라는 단어가 명사형과 동사형을 합쳐 10회 이상 쓰였습니다[빌 1:4, 18(2회), 25, 2:2, 2:17-18(4회), 28, 3:1, 4:1, 4(2회), 4:10]. 바울 서신뿐 아니라 신약 성경 전체의 어떤 책보다도 기쁨과 감사에 대한 언급이 많습니다. 사도 바울이 감옥에 있었다는 사실을 감안할 때 이렇게 기쁨과 감사가 넘친다는 것은 그의 믿음이 얼마나 깊은지를 잘 드러내 줍니다.

사도 바울은 자신의 기도(빌 1:4)와 사역의 열매(빌 4:1)에서는 물론, 고통과 죽음을 직면하는 상황에서도(빌 2:17) '기쁨'이라는 단어를 사용했으며, 믿는 자들에게도 믿음으로 주님과의 교제 안에서 기뻐할 것을 격려합니다(빌 1:25, 3:1, 4:4). 사도 바울이 "형제들아 너희는 함께 나를 본받으라"(빌 3:17)라고 한 말은 "기뻐하라"라는 문맥에서 나온 것입니다.

둘째는 성도 간의 교제와 연합의 중요성입니다. 자신을 비워

종의 형체를 가지사 사람들과 같이 되신 예수 그리스도의 마음을 품어야 한다는 것입니다. 바울은 그들에게 "한마음으로 서서 한 뜻으로 복음의 신앙을 위하여 협력"(빌 1:27)하라고 권면합니다.

빌립보서는 주후 61-63년경 쓰였고, 옥중 서신 중 가장 나중에 쓰였습니다. 서신 속 '복음이 온 시위대 안에 전파되었다'라는 표현이 사도 바울이 옥에 갇혀 지낸 때로부터 어느 정도 시간이 지났음을 시사하기 때문입니다(빌 1:13). 삶에서 기쁨을 회복하기 원하십니까? 빌립보서를 읽고 힘을 얻으시기를 축원합니다.

## 🖋 빌립보서의 특징

- ■ 빌립보 성도들에게 자신의 상황과 사역 열매를 나누고자 함
- ■ 선물에 대한 감사
- ■ 유대주의자들에 대한 경고
- ■ 디모데의 방문 예고 및 바울의 방문하고자 하는 소원
- ■ 믿음 안에서 하나 될 것을 권면
- ■ 기쁨의 중요성 강조: '기쁨' 단어 10회 이상 사용
- ■ 성도 간의 교제와 연합의 중요성

◆ 핵심 단어: 옥중 서신, 마케도니아 사람, 2차 선교 여행, 박해와 추방, 감사 카드, 간증적, 실천적, 그리스도를 향한 온전한 헌신, 기쁨, 성도 간의 교제와 연합

◆ 핵심 주제: 그리스도 안에서 기뻐하라

▶ 강의 영상

# 12

# 골로새서

골로새서는 사도 바울이 로마의 감옥에서 쓴 옥중 서신입니다. 주후 60-62년, 2년 동안 로마의 감옥에 있을 때 썼으며 에베소서도 비슷한 시기에 기록했습니다. 두기고가 바울로부터 골로새서, 에베소서, 빌레몬서를 받아 각 목적지에 전달하는 역할을 한 것으로 보입니다.

 골로새는 에베소에서 동쪽으로 약 160km 떨어진 곳에 위치한 인구가 많고 번화한 도시였습니다. 사도 바울이 에베소를 중심으로 아시아 전역에 3년이나 복음을 전했기 때문에 주변 교회의 지도자들은 다 바울로부터 가르침을 받은 사람들이었을 것입니다(행 19:10). 그런 의미에서 사도 바울이 직접 세운 교회는 아니지만 간접 설립자라고 볼 수 있습니다. 그곳에서 사역하던 에바브라는 바울의 제자였는데, 골로새 교회를 개척했고 빌레몬, 오네시모, 아킵보 등이 교인이었습니다(몬 1:23; 골 1:7,

4:9, 17). 사도 바울은 골로새뿐 아니라 라오디게아와 히에라볼리 등 근방 교회의 개척 및 사역을 감당했습니다(골 1:7, 4:12-13). 그는 골로새 교회를 방문하기 원했으나 실제로는 한 번도 방문하지 못했음을 서신을 통해 알 수 있습니다(골 1:4, 8, 2:1).

사도 바울이 로마 감옥에 갇혀 있을 때 골로새 교회의 리더인 에바브라가 그를 방문합니다. 에바브라는 바울에게 골로새 교회가 영적으로 진보하고 있다는 사실과 교회가 직면하고 있던 두 가지 위험에 대해 알립니다. 첫 번째는 이방인이 주를 이루는 골로새 성도들의 삶이 회심 전의 방식으로 빠르게 되돌아가고 있다는 것이었고(골 3:5-11), 두 번째는 그들이 이단의 가르침을 받아들이고 있다는 것이었습니다. 사도 바울은 특히 두 번째 문제에 초점을 맞추어 가르침을 펼쳐 가는데, 이는 필연적으로 첫 번째 문제에 대한 답으로 귀결됩니다. 이단 문제의 핵심은 기독론과 연관되어 있습니다. 즉 바울은 그리스도에 대해 잘못 알고 있던 소위 '골로새 이단'(the Colossian heresy)들의 주장을 논박합니다.

이 이단들의 정확한 정체에 관해서는 논란이 있습니다. 영지주의적 가르침과 더불어, 이교의 철학자들 또는 철학적 사고방식을 가진 유대인들, 심지어 에세네의 금욕주의자들이라는 흔적을 찾아볼 수 있으나 딱 집어서 어떤 것이라고 말하기는 힘듭니다. 그러나 그들이 "세상의 초등학문"(골 2:8)을 가르치고, 천사를 숭배하며(골 2:18), 금욕주의자(골 2:21)였던 것으로 보아 당시 교회들을 괴롭힌 '원시 영지주의'(Proto-Gnosticism)의 한 지류일 것이라고 추측할 수 있습니다.

이 이단들은 그리스도의 신성을 부정합니다. 그렇기에 골로새서는 성경의 다른 어떤 부분보다도 '그리스도의 신성'에 대해 정확하게 가르치고 선포합니다. 사도 바울은 그리스도 안에서 그 모든 것의 해답을 찾습니다. 그리스도의 우월성에 대한 적절한 지식이 필요하다고 주장합니다. 보이지 않는 하나님의 형상이신 그분을 통해 세상이 창조되었으며, 그분의 희생적 죽음과 부활의 능력을 아는 것이 중요하다고 가르칩니다. 이단의 중심이 되는 인간 철학과 종교 위험에 대한 경고도 함께 나옵니다. 또한 그리스도를 깊이 있게 이해할 때 골로새 성도들이 옛 삶에서 벗어나 그리스도 안에서 새로운 삶과 성숙한 삶을 살아갈 수 있다는 도전을 줍니다. 이는 현대 철학과 세속주의와 이단의 가르침이 난무하는 시대를 살아가는 우리에게도 동일한 도전을 줍니다.

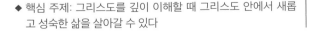

◆ 핵심 단어: 옥중 서신, 번화한 도시, 간접 설립자, 에바브라, 기독론, 골로새 이단, 원시 영지주의, 그리스도의 신성과 우월성, 새로운 삶

◆ 핵심 주제: 그리스도를 깊이 이해할 때 그리스도 안에서 새롭고 성숙한 삶을 살아갈 수 있다

▶ 강의 영상

# 13

# 데살로니가전서

데살로니가는 마케도니아 지역의 수도로, 로마와 현대의 이스탄불인 도시를 거쳐 유럽의 동쪽을 연결하는 당시 군사용, 상업용 도로망인 '비아 에그나티아'(Via Egnatia)에 위치한 매우 중요한 도시였습니다. 신약 시대에는 약 20만 명이 살고 있었으며 헬라인들이 많았으나, 발달된 도시에는 늘 유대인 사업가들이 있었으며, 특히 데살로니가에 있는 유대인 회당은 상당한 영향력을 가지고 있었습니다.

'데살로니가'라는 도시의 이름은 카산더 장군의 부인이자 알렉산더대왕의 이복누이인 데살로니가의 이름을 따서 지은 것입니다. 또한 데살로니가는 제2차 세계대전 때 나치가 그곳에 살고 있던 약 6만 명의 유대인을 학살한 곳이기도 합니다.

사도행전 17장을 보면, 이곳에 어떻게 사도 바울이 교회를 세우게 되었는지 알 수 있습니다. 누가의 기록에 따르면, 사도 바울은 최소한 세 번의 안식일 동안 유대인 회당에서 강론하며 사역의 열매를 맺게 됩니다(행 17:2-4). 그러나 그의 성공을 시기하는 유대인들의 소동으로 인해 디모데만 그곳에 남겨 놓고 혼자 베뢰아로 급히 도피하게 됩니다(행 17:10). 2장을 보면, 사도 바울은 그 짧은 기간 동안에도 손수 일을 하며 그들을 위해 사역을 했으며(살전 2:7-11), 사역 기간 중 자신에게 많은 도움을 준 빌립보 교회로부터 두 번 재정적 지원을 받기도 합니다(빌 4:16). 사도 바울은 베뢰아에서도 유사한 저항에 부딪혀 아덴으로 이동했을 때 거기서 디모데를 만납니다. 하지만 그는 디모데를 다시 데살로니가로 보냈다가(살전 3:1), 나중에 고린도에서 합류하게 됩니다(행 18:5).

이러한 성경의 기록을 토대로 사도 바울이 데살로니가를 다녀온 디모데의 보고에 근거하여(살전 3:6-7) 고린도에서 데살로니가전서를 썼다는 결론이 나옵니다. 문제의 근원은 사도 바울이 그곳에 머문 기간이 매우 짧았으며, 그런 서신치고는 양질의 교리적 가르침을 주었다는 데 있습니다. 그로 인해 그들 간에 생긴 오해와 함께 발생된 여러 문제들을 해결해야 할 필요가 있었던 것입니다. 간단히 말해, 데살로니가전서는 갑작스레 두고 떠나온 어린 교회를 돕기 위해서 쓰였습니다.

서신을 보면 사도 바울의 짧았던 방문에 대한 안타까움이 배어 있습니다. 바울이 그들을 간절히 보기 원한다는 말이 수차례 나옵니다(살전 2:8, 17-20, 3:10-11). 그들을 두고 갑자기 떠날 수밖에 없었던 상황을 설명하며, 다시 돌아가고자 했으나 그럴 수 없는 안타까움을 토로하기도 합니다(살전 2:17-18). 또한 그들에 대한 궁금함이 디모데를 그곳으로 보낸 이유라는 것도 분명히 말합니다(살전 3:1-5). 특별히 3장 10절의 "너희 믿음이 부족한 것을 보충하게 하려 함이라"라는 표현을 통해 양육에 대한 사도 바울의 아쉬움과 안타까움을 읽을 수 있습니다. 하지만 바울은 그들이 심한 핍박 속에서도 믿음이 흔들리지 않고 있다는 디모데의 보고에 따라 그들을 칭찬하며 "더욱 많이 힘쓰라"(살전 4:1)라고 하며 진보하기를 도전합니다.

서신에서 가장 중요한 쟁점은 주님의 재림에 대한 그들의 이해였습니다. 사도 바울이 그곳에 짧게 머무르면서 행한 가르침 중에 예수 그리스도의 재림에 관한 것이 오해를 낳았고, 그것이 잘못된 행동으로 이어졌습니다. 그들은 주님의 재림이 임박했다고 믿었기에 '재림 전에 죽은 자들은 그들의 죄에 대한 처벌을 받은 것인가?'라는 의문을 가졌습니다. 또한 '재림 전에 죽은 자들은 재림 때 부활의 영광에 참여할 수 있는 권리를 잃어버리는 것이 아닐까?' 하는 의구심을 가졌습니다(살전 4:13하).

이에 사도 바울은 우리가 '휴거'라고 해석하고 있는 부분을 통해 재림하시는 주님과 그들이 하나가 될 것을 분명히 합니다(살전 4:16-17). 또한 재림을 염두에 둔 '주의 날'을 논하며 깨어서 살 것을 도전합니다(살전 5:6). 깨어 산다는 것은 단순히 정신적 영역 이상의 것을 의미합니다. 이는 개인적인 삶과 공동체적 삶의 영역에서 개선이 필요하다는 사실을 일깨우고 있습니다(살전 4:1-12, 5:12-22). 이방인들의 무분별한 성적 기준을 따르려는 그리스도인들과(살전 4:4하) 교회 지도층과 평신도 간의 계층적 긴장(살전 5:12하) 등의 영역에 있어서의 개선까지도 포함합니다. 이러한 맥락 속에서 삶의 지침 구절로 그토록 유명한 "항상 기뻐하라 쉬지 말고 기도하라 범사에 감사하라 이것이 그리스도 예수 안에서 너희를 향하신 하나님의 뜻이니라"(살전 5:16-18)라는 말씀이 나옵니다.

재림이 궁금하신가요? 말세에 어떻게 살아야 하는지가 궁금하십니까? 데살로니가전서는 이에 대한 답과 도전을 줍니다.

◆ 핵심 단어: 마케도니아 지역의 수도, 유대인 회당, 바울의 강론, 신생 교회, 오해 및 문제 해결, 핍박, 안타까움, 재림에 대한 이해, 주의 날, 삶의 개선

◆ 핵심 주제: 주의 날을 기억하며 깨어 있으라

▶ 강의 영상

# 14

# 데살로니가후서

사도 바울이 보냈던 데살로니가전서가 그들의 문제를 해결하지 못했다는 것을 데살로니가후서가 보여 줍니다. 한마디로 데살로니가후서는 종말에 대한 오해로 인해 생기는 고질적 문제에 대한 첫 처방이 약효를 발휘하지 못하자 내린 두 번째 처방이라고 할 수 있습니다. 데살로니가후서는 데살로니가전서를 쓴 후 적어도 1년 안에 답을 한 것으로, 주후 50년경에 쓰인 것으로 보이며 사도 바울의 초기 서신에 속합니다(행 18:5). 갈라디아서, 데살로니가전서, 그다음에 데살로니가후서의 순으로 쓰인 것으로 보입니다.

편지를 통해 외적으로 그리스도인들에 대한 핍박이 갈수록 심해져 희생자들이 절망에 빠지고 있는 상황임을 알 수 있습니다. 그런 상황에서 바울의 서신을 빙자한 거짓 서신들과(살후 2:2) 잘못된 사상을 가진 사람들이 '그리스도인이 당하는 고난이 점차 증가하는 것으로 보아 종말의 시기가 이르렀다'고 믿게 하고 있었습니다. 한편, 내적으로는 그리스도의 재림이 임박했다는 오해로 인해 그리스도인들이 당시 처한 자신의 삶을 회피하고, 심지어 어떤 이들은 하던 일까지 그만두고 재림만 기다리는 상황이 데살로니가전서를 쓸 때보다 훨씬 더 심해지고 있었습니다.

데살로니가전서와 비교해 보면, 그들을 향한 격려와 칭찬은 매우 짧습니다. 대신 미래에 있을 하나님의 심판, 그리고 그 결과에 따라 주어지는 상급과 처벌에 대해 가르치면서 성도들이 핍박을 잘 이겨 낼 수 있도록 동기를 부여합니다.

그러고는 종말에 대한 주제로 급하게 넘어가는데, 그 이유는 도가 지나친 수준의, 때 이른 종말론적 기대와 흥분을 가라앉히기 위해서였습니다. 먼저 보낸 데살로니가전서에서 가르친 말씀 때문에 지나친 종말적 기대로 가득했던 것 같습니다(살전 4:13-18). 이러한 분위기에 취한 그들을 향해 사도 바울은 종말, 즉 주의 날이 도래하기 전에 나타나야 하는 증거가 있다는 것을 가르침으로써 문제에 접근합니다(살후 2:1-12). 데살로니가전서에서의 말씀이 오해를 낳을 수 있었기에 균형을 잡아 주기 위한 가르침이 더해진 것으로 볼 수 있습니다.

사도 바울은 주님의 재림이 그들이 생각하는 것처럼 임박하지 않았음을 강조하면서 그들이 일상과 생업으로 돌아갈 것을 강조합니다. 바울은 그리스도의 재림을 기대하며 산다는 것이 일상적 삶을 포기하는 것이 아님을 말함으로써 교회 안에서 질서와 균형을 다시 잡고자 합니다. 사도 바울의 어조도 데살로니가전서에 비해 매우 강경합니다.

한 예로 데살로니가전서 4장과 5장에서는 의무를 태만히 하는 사람들을 점잖게 꾸짖지만(살전 4:10-12, 5:12-13), 데살로니가후서 3장에서는 그의 말에 순종하지 않거든 "그 사람을 지목하여 사귀지 말고 그로 하여금 부끄럽게 하라"(살후 3:14)고 권면하면서 매우 강하게 야단치는 것을 볼 수 있습니다(살후 3:6-15). 또한 끝부분에 서신의 진실성을 강조하고자 "나 바울은 친필로 문안하노니 이는 편지마다 표시로서 이렇게 쓰노라"(살후 3:17)라고 말하는데, 이것을 통해 당시에 그들을 혼동케 하는 거짓 편지도 나돌았음을 알 수 있습니다.

초기 사도 바울의 개척 교회 성도들도 종말론 때문에 많은 혼돈을 겪고 우왕좌왕했음을 볼 수 있습니다. 현대에도 종말론으로 교회들이 시끄러웠던 역사가 많습니다. 데살로니가후서에는 그에 대한 오해들을 풀어 줄 사도 바울의 정통적인 가르침과 지혜가 들어 있습니다.

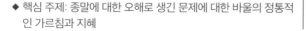

◆ 핵심 단어: 핍박, 그리스도의 재림에 관한 오해, 두 번째 처방, 지나친 종말적 기대, 재림을 기대하며 사는 삶, 종말론

◆ 핵심 주제: 종말에 대한 오해로 생긴 문제에 대한 바울의 정통적인 가르침과 지혜

▶ 강의 영상

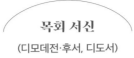

## 목회 서신

(디모데전·후서, 디도서)

사도 바울의 서신 중에서 디모데전·후서, 디도서를 묶어 '목회 서신'이라 부릅니다. 여기서 '목회'라는 단어를 현대적인 의미로 생각하고 '목회 준비와 계획' 또는 '목회자들만을 위한 서신' 등으로 이해하면 곤란합니다. 목회 서신은 사도 바울이 동역하고 있던 '젊은 사역자(목회자)'들인 디모데와 디도에게 사역을 하는 데 필요한 여러 가지 권고와 교훈, 해결책 등을 목회자의 심정으로 제시하는 말씀을 담고 있기에 그렇게 불립니다.

서신의 주요 관심과 목적은 당시 역사적 상황에서 교회 안으로 파고들던 이단이나 거짓 교사들의 잘못된 가르침에 어떻게 대처하고, 어떻게 교회 안에 안정된 리더십을 세워 나가야 하는지에 있습니다. 그렇다고 모두 목회 영역만 다루고 있는 것은 아닙니다. 디모데전서나 디도서는 목회적, 교회적 서신의 성격이 강하지만, 디모데후서는 오히려 사적이고 개인적인 면이 강합니다.

사도 바울의 다른 서신들은 사도행전 사건들과 깊은 연관이 있어서 저작 시기를 사도행전과 연결하여 정할 수 있습니다. 하지만 목회 서신의 기록 연대는 사도행전과는 전혀 관련이 없습니다. 디모데전서 1장 3절의 '디모데를 에베소에 머물게 했다'거나 디도서 1장 5절의 '디도를 그레데에 남겨 두었다'는 기록은 사도행전과 연결해서 전혀 추적이 불가능합니다. 실제로 목회 서신은 사도행전이 다루고 있는 시간 이후에 쓰였기 때문입니다. 이 서신들은 바울이 로마 감옥에서 풀려난 이후 보내졌습니다.

초대 교회의 교부인 로마의 클레멘트는 주후 65년에 사도 바울이 "서쪽 끝, 스페인까지 갔었다"라고 말하며, 유대인 역사학자 유세비우스(Eusebius)는 사도 바울이 "로마 감옥에서의 첫 투옥 후 풀려나 사역하다가 다시 2차로 감금되어 순교했다"라고 기록하고 있습니다. 이런 기록들은 사도행전이 다루고 있는 시기 이후에도 사도 바울의 사역이 계속되었다는 것을 알게 합니다.

이런 내용을 종합해서 이 서신들의 기록 연대를 추측해 볼 수 있는데, 학자들은 바울의 첫 번째 로마 투옥 시기(행 28장)를 보통 주후 60-62년 사이로 보고, 주후 68년에 네로(Nero) 황제에게 죽임을 당했다는 것에 의견 일치를 보입니다. 디모데후서 4장 21절의 "너는 겨울 전에 어서 오라"라는 언급을 염두에 둘

때 저작이 아무리 늦어도 주후 67년을 넘지 않았을 것이며, 디모데전서와 디도서는 적어도 주후 67년 이전에, 이르면 주후 62-66년 사이에 이루어졌을 것으로 추측해 볼 수 있습니다.

'왜 목회 서신은 다른 서신과 언어적으로 차이를 보일까?'라는 의문을 가질 수 있습니다. 아마도 가장 가능성 있는 설명 중 하나는 목회 서신의 대필자가 달랐기 때문에 차이가 생겼다고 보는 것입니다. 잘 알려져 있다시피 사도 바울은 대필자를 통해서 서신을 써서 보냈습니다. 로마서를 보면, 대필자였던 더디오는 "이 편지를 기록하는 나 더디오도 주 안에서 너희에게 문안하노라"(롬 16:22)라고 개인 인사까지 서신의 일부에 넣었습니다.

그렇다면 목회 서신의 대필자는 누구였을까요? 이에 대한 답을 서신 자체에서 말하고 있지는 않지만, 서신에서 발견된 특정한 표현을 통해서 추측해 볼 수는 있습니다. 이단을 향해 필요한 대응책을 논하며 '바른 교훈'이라는 표현을 사용하는데, 여기서 '바른'이라는 단어는 헬라어로 '건강한'(healthy 또는 sound)이라는 의미를 담고 있습니다. 이는 일종의 의학적 용어입니다. 이 때문에 사도 바울과 끝까지 함께한 의사 누가가 가장 가능성 높은 대필자라는 견해에 설득력이 있습니다.

정경의 순서로 보자면, 디모데전서, 디모데후서, 그리고 디도서의 순서로 되어 있으나, 실제 쓰인 순서는 디모데전서, 디도서, 그리고 디모데후서입니다. 이러한 순서가 서신들의 분위기와 내용의 차이에도 반영이 되어 있습니다. 디모데전서에는 사도 바울의 강한 명령 아래 악한 힘에 대한 대응이 위급한 모습이 그려져 있으며, 디도서는 시작부터 거짓을 전하는 사람들과 속이는 원수들을 향한 투쟁적 분위기가 그려져 있습니다. 그러나 디모데후서에서는 다른 두 서신과는 다르게, 다가오는 자신의 죽음에 대한 힌트를 주고 있으며 자신의 어려운 상황을 디모데와 나누는 가운데 통렬함이 발견됩니다.

사도 바울이 죽기 전 마지막으로 가장 성숙한 모습으로 쓴 것이 바로 목회 서신이라 할 수 있습니다. 믿음의 멘토의 메시지에 귀를 기울이며 우리도 영적 리더로 길러지기를 원합니다.

▶ 강의 영상

# 15

# 디모데전서

'목회 서신'이라 불리는 디모데전서는 사도 바울이 당시 에베소에서 사역하고 있었던 디모데를 향해 쓴 서신입니다(딤전 1:3). 바울은 수제자라 할 수 있는 디모데에게 가장 오랫동안 사역한 도시인 에베소를 맡겨 놓았습니다. 사도행전 16장을 보면, 인간 디모데는 루스드라라는 곳에서 헬라인 아버지와 유대인 어머니 사이에서 태어났으며, 믿음이 있는 어머니를 통해 어려서부터 성경을 잘 배운 사람이었고(딤후 1:5, 3:15), 사도 바울과 인연을 맺기 전에도 다른 믿는 자들로부터 "칭찬받는 자"(행 16:2)였습니다. 그렇기에 우리에게 디모데는 '끝까지 변하지 않고 사도 바울의 제자로서의 사역을 감당한 신실한 사람'이라는 좋은 모델로 남아 있습니다.

디모데가 리더십을 발휘해야 하는 에베소는 로마에서 가장 중요한 도시 중 하나였습니다. 온갖 그리스 철학자들과 그 철학을 업고 등장하는 다양한 기독교 이단들이 서서히 싹트고 있는 곳이기도 했습니다. 또 아데미라는 여신을 수호신으로 여기고 그녀를 위해 세운 거대한 신전을 도시의 자부심으로 여기는 곳이기도 했습니다. 사도행전 19장 34절에 기록된 "크다 에베소 사람의 아데미여 하기를 두 시간이나 하더니"라는 표현을 통해 당시의 분위기를 간접적으로 알 수 있습니다. 현대의 관광객들도 남아 있는 에베소 유적지의 규모에 놀라움을 금치 못할 정도입니다. 복음 사역을 펼치기에 결코 쉽지 않은 곳이었을 것입니다. 바울은 그런 상황에 있는 디모데를 향하여 가르침에 굳건히 서서 '선한 싸움을 싸울 것'을 지시합니다(딤전 1:18, 6:12).

하나님의 가족들로 구성된 교회는 이 세상과 많은 면에서 구별되어야 합니다. 감독이라고도 불리던 장로(목사도 장로의 일부)는 교회의 리더 역할을 감당하며 질서를 유지해야 합니다. 그래서 성숙함과 본이 되는 삶을 요구하고 있으며, 특히 가르치는 일을 잘하는 이를 선택하는 것이 중요하다고 말합니다(딤전 3:2). 신약이라는 정경이 아직 형성되지 않았으며, 예수 그리스도의 가르침이 구전, 즉 말로 전해지는 상황이었다는 점을 염두에 둘 때 가르치는 자의 중요성을 이해할 수 있습니다.

교회를 함께 섬기는 집사들도 선택하는 데 매우 신중해야 한다고 요구합니다. 성도 간에도 하나님의 집에 속한 가족들이기에 서로를 존중하며 예의 있게 대해야 한다고 가르칩니다.

예배 또한 질서의 하나님의 모습을 담아내야 합니다.

2장에는 신약에서 가장 논쟁의 여지가 많은 부분이 나옵니다. "여자는 일체 순종함으로 조용히 배우라"(딤전 2:11), "여자가 가르치는 것과 남자를 주관하는 것을 허락하지 아니하노니 오직 조용할지니라"(딤전 2:12), "그러나 여자들이 만일 정숙함으로써 믿음과 사랑과 거룩함에 거하면 그의 해산함으로 구원을 얻으리라"(딤전 2:15) 등은 겉으로 보기에 남성 우월주의적이며, 심지어 여성 비하적이라고 비난받기도 합니다. 하지만 이러한 해석은 21세기적 시각일 뿐 전혀 정확하지 않습니다.

이 구절들은 당시 역사적 상황과 에베소라는 지역의 특성을 고려하여 해석해야 합니다. 아데미라는 여신을 자랑스럽게 여기던 곳이라 여사제 또는 종교 창녀가 많았을 것이기에 그들과 의도적으로 구분하기 위해 유난히 여자들에게 외적인 단정함을 강조한 것입니다(딤전 2:9). 또한 히브리 문화나 헬라 문화에서는 여자가 가르치는 일이 전혀 허락되지 않았다는 사실을 먼저 알아야 합니다. 아무리 여자와 남자가 하나님 앞에서 차별이 없다는 것을(갈 3:28) 가르치던 기독교라 하더라도, 당시의 문화적 상황에서 너무 급하게 여자들이 리더의 위치에 올라가는 것은 결코 복음 전파에 도움이 되지 않았을 것입니다.

그리고 디모데전서 2장 15절에서 "그의 해산함"이라는 말씀은 정관사가 있기 때문에 단순한 해산이 아니라 '원시 복음'이라 불리는 창세기 3장 15-16절과 연결하여 이해되어야 하는

데, 메시아의 탄생을 의미합니다. '하와에게 약속되었던 자손의 탄생'을 의미하는 것입니다.

모든 목회 서신에서는 예외 없이 한 가지가 강조되어 있습니다. 바로 '복음 전파'라는 큰 틀에서 모든 것을 볼 것을 요구한다는 점입니다. 이런 큰 틀을 염두에 두고 디모데전서를 포함한 목회 서신을 읽는다면 많은 부분이 더욱 명쾌해질 것이며, 당시 사도 바울과 그의 제자들이 복음 전파를 위해 쏟은 애정과 열정이 우리에게 깊은 감명과 도전으로 다가올 것입니다.

### 🖋 디모데 프로필

- 출생지: 루스드라
- 가족 관계: 아버지 헬라인, 어머니 유대인
- 특이 사항: 성경 조기 교육을 받음, 지인들이 강력 추천

### 🖋 디모데전서에 기록된 교회 구성원

- 장로(목사도 장로의 일부)
- 집사
- 여성

---

◆ 핵심 단어: 목회자 디모데, 에베소, 칭찬받는 자, 신실한 사람, 가르치는 자의 중요성, 성숙함과 본이 되는 삶, 질서의 하나님, '복음 전파'라는 큰 틀

◆ 핵심 주제: 가르침에 굳건히 서서 선한 싸움을 싸우라

▶ 강의 영상

# 16

# 디모데후서

'목회 서신'이라 불리는 디모데후서는 성경에 기록된 사도 바울의 13개 서신 중 가장 마지막에 쓰인 것입니다. 서신의 시작 부분에서 "하나님의 뜻으로 말미암아 그리스도 예수 안에 있는 생명의 약속대로 그리스도 예수의 사도 된 바울은"(딤후 1:1)이라고 말합니다. '생명의 약속'이라는 표현이 서신 끝부분에 있는 "전제와 같이 내가 벌써 부어지고 나의 떠날 시각이 가까 웠도다"(딤후 4:6)라는 말씀과 겹치면서 읽는 우리로 하여금 그 가 자신의 죽음과 그 이후의 약속을 말하고 있음을 느끼게 합 니다. 디모데후서가 다른 목회 서신과는 분위기가 사뭇 다른 이유를 이 관점에서 이해할 수 있습니다.

디모데는 이 시기에 사도 바울의 사형 집행이 다가오고 있 다는 것을 알고 있었고, 그로 인해 의기소침해지면서 사도 바 울에 대한 사랑과 그리움이 가득했던 것 같습니다. 디모데를 향한 사도 바울의 애틋한 마음을 전하는 디모데후서의 글이 그러한 심정을 엿보는 거울 역할을 합니다(딤후 1:4). 힘들어하는 디모데를 향해 사도 바울은 "너는 내가 우리 주를 증언함과 또는 주를 위하여 갇힌 자 된 나를 부끄러워하지 말고 오직 하나님의 능력을 따라 복음과 함께 고난을 받으라"(딤후 1:8)라고 강력하게 말합니다.

성경에 나오는 디모데의 성격은 디도와는 반대로 여리다고 추정할 수 있습니다. 예를 들어, 디모데전서 5장 23절에서 바울이 "이제부터는 물만 마시지 말고 네 위장과 자주 나는 병을 위하여는 포도주를 조금씩 쓰라"고 권한 것은 디모데가 남을 지나치게 의식하고 있지는 않은가 생각하게 만들고, 다가오는 사도 바울의 죽음 때문에 기가 죽은 듯해 보이는 것을 통해서는 소심한 성격의 소유자일 가능성이 높다고 생각됩니다. 그렇기에 사도 바울은 그를 향해 두려움을 이기고 담대하게 복음과 함께 고난을 받으라고 권하는 것입니다.

복음을 위해 '충성된 사람들'을 잘 세워 그 일을 감당하는 것은 중요했습니다(딤후 2:1-2). 그러나 그들의 역할이 단순히 가르치는 것만은 아닙니다. 삶으로 모든 것을 보여 주어야 하며, 특히 디모데는 리더로서 본이 되어야 했습니다(딤후 1:13). 모든 리더는 자신을 잘 다스려야 한다는 것을 기억해야 합니다. 하나님의 집에 다양한 그릇들이 있듯, 각자 다양한 쓰임을 받습니다. 그릇과 다른 점이 있다면 우리의 '용도'는 우리가 어떻게 준비하고 살아가느냐에 따라 변화될 수 있다는 것입니다. 그렇기에 사도 바울은 "그러므로 누구든지 이런 것에서 자기를 깨끗하게 하면 귀히 쓰는 그릇이 되어 거룩하고 주인의 쓰심에 합당하며 모든 선한 일에 준비함이 되리라"(딤후 2:21)라고 말합니다.

또한 리더는 성경으로 무장되어야 할 것을 강조합니다. 성경은 하나님의 감동으로 된 것으로 "교훈과 책망과 바르게 함과 의로 교육하기에 유익"(딤후 3:16)하다고 가르칩니다. 그런 사도 바울이기에 죽음을 앞에 둔 처지에서도 겨울이 가까이 오니(딤후 4:21) 따뜻한 옷과 함께 특별히 '가죽 종이에 쓴 책'을 가져다 달라고 부탁을 합니다(딤후 4:13). 이것이 어떤 책인지는 명시되어 있지 않지만, 당시에 책이 굉장히 귀했다는 점을 고려할 때 아마도 그 책은 그가 가장 아끼는 성경이었을 것이라고 추측해 볼 수 있습니다. 이렇듯 사도 바울은 끝까지 성경에 대한 변하지 않는 사랑을 보여 줍니다.

서신의 끝으로 갈수록 죽음을 앞에 둔 사도 바울의 비장함과 심적 외로움, 섭섭함을 엿볼 수 있습니다. 자신을 배신한 '거짓 친구'인 데마라는 제자를 언급하는데, 데마가 세상을 사랑해서 사도 바울을 버렸다고 말합니다(딤후 4:10). 사형장의 이슬로 사라질 사도 바울을 버리고 떠나 버린 그를 향한 섭섭함이 배어 나옵니다. 그와 함께 있던 그레스게와 디도도 사역 차 다른 곳으로 가 버려 누가만 함께 있다고 말합니다. 디모데에게 올 때 마가와 함께 오라고 말합니다. 마가는 바나바의 조카이면서 선교 여행 중 사도 바울과 바나바를 다투게 만든 장본인이기도 합니다(행 15:37-39). 이러한 마가를 향해 "그가 나의 일에 유익하니라"(딤후 4:11)라고 말하는 것으로 보아 관계가 회복되었음을 알 수 있습니다.

데마의 배신과 온전한 회복을 이룬 마가는 대조를 이룹니다. '인생은 관계'라는 말이 있는데, 사도 바울도 마지막에는 다른 사람과의 관계를 언급합니다. 대사도이지만 그도 한 사람의 인간이었음을 느끼게 해 줍니다. 그리고 현재 우리 인생의 관계들은 어떠한지를 돌아보게 합니다.

◆ 핵심 단어: 가장 마지막에 기록된 바울 서신, 사형 집행, 애틋함, 충성된 사람들, 하나님이 귀히 쓰시는 그릇, 성경 사랑, 비장함, 외로움, 섭섭함, 데마와 마가

강의 영상

◆ 핵심 주제: 두려움을 이기고 담대하게 복음과 함께 고난을 받으라

# 17

## 디도서

디도서는 사도 바울이 개척된 지 얼마 안 된 그레데의 신생 교회의 리더인 디도에게 보낸 목회 서신입니다(딛 1:5). 그레데 는 일반 발음으로 '크레타'로 알려져 있으며, 그리스의 13주 가운데 하나이며, 그리스에서는 가장 큰, 지중해에 위치한 아 름다운 섬입니다. 디도는 이방인이었다가 그리스도인이 된 자입니다. 이는 갈라디아서에서 사도 바울이 헬라인 디도를 억지로 할례 받지 않게 했다는 기록을 통해서 알 수 있습니 다(갈 2:1-10).

디도의 성품과 성격에 관해서는 고린도후서를 통해 짐작해 볼 수 있습니다. 고린도후서 2장 8절에서 디도는 사도 바울이 고린도 교회를 호되게 꾸짖는 내용이 담긴 '눈물로 쓴 편지'(고 후 2:4)를 교회에 전달한 제자로 소개되어 있습니다. 그는 바울 과 교회 사이에 발생한 심각한 분쟁에서 조정자 역할을 감당했습니다. 편지의 내용이 얼마나 통렬했는지는 고린도후서 2-7장에 나타난 사도 바울의 마음 상태를 통해 짐작해 볼 수 있습니다. 바울은 불안하고 안절부절못하는 상태로 고린도 성도들의 소식을 기다립니다. 마침내 고린도후서 7장 7절의 표현에 따르면, 디도가 기쁜 소식을 가지고 돌아오고 나서야 그는 안심합니다. 중요한 것은 그런 성격의 편지를 전달하기 위해 고린도 교회로 향했던 사람이 디도였다는 사실입니다.

그러한 디도의 모습은 그의 사역지인 그레데와 참 잘 어울린다는 생각이 듭니다. 디도서 1장 12절에서 "그레데인들은 항상 거짓말쟁이며 악한 짐승이며 배만 위하는 게으름뱅이라"라는 부정적이며 거친 묘사를 통해 그곳이 얼마나 영적으로 척박하고 힘든 곳인지를 엿볼 수 있습니다. 실제로 그레데는 로마 제국의 정복 후 로마 정부에 항거하여 자주 민란을 일으켰던 곳이기도 해서 항상 불안하고 무질서하며 어수선했습니다. 이렇게 쉽지 않은 곳에 교회를 개척하고 리더들을 세우기에는 디도처럼 강하고 담대한 성격의 소유자가 어울립니다. 디모데후서에서 보인 디모데의 '두려워하는 성격'과는 대조가 됩니다. 어떤 성격이 좋다, 나쁘다기보다는 다양한 모습의 리더가 세워짐을 보게 됩니다.

이렇게 쉽지 않은 곳에 세워진 교회였기에 리더를 제대로 세우는 것이 중요했습니다. 리더의 자격은 디모데전서에 나온 내용과 매우 유사합니다. 디모데가 사역하고 있는 에베소나 디도가 사역하고 있는 그레데는 교회를 위협하고 있는 세력들(딛 1:10, 11, 2:15, 3:10)이 어디에나 있었기에 기본적으로 교리적 자질을 갖춘 리더들을 세워야 했습니다. 또 그 신앙에 맞는 삶을 살아가는 이들을 세워야 한다고 가르칩니다(딛 1:9). 그레데의 역사적 배경과 그곳 사람들의 기질을 염두에 두고 볼 때 누구를 헐뜯거나 싸움질을 하지 말고 온순한 사람이 되어서 모든 사람을 온유하게 대하도록 가르칠 것을 강조합니다(딛 3:1-2).

이런 맥락에서 사도 바울은 그레데 성도들에게 바른 교훈이 왜 필요하고, 높은 수준의 도덕적, 사회적 행동이 왜 필요한지를 역설합니다(딛 2:1-10, 3:1-3). 한마디로 모든 그리스도인은 자신이 속한 지역에 선한 영향력을 끼쳐 그곳을 변화 (transformation)시키는 역할을 감당해야 한다는 것입니다(딛 2:14).

서신을 쓴 또 다른 목적은 바울이 니고볼리라는 곳에서 디도와 만나기를 요청하기 위해서입니다. 바울은 서신에서 아데마나 두기고가 그레데에 도착할 것인데 그들에게 그곳 교회를 맡기고 자신과 니고볼리에서 만나자는 뜻을 전합니다(딛 3:12).

우리에게 디도는 사도 바울이 직면했던 어려운 문제들의 해결사로, 어려운 곳에 교회를 세우는 강한 리더의 모습으로 다가옵니다. 역사가 유세비우스는 디도가 그레데의 첫 번째 주교(bishop)가 되어 사역을 하다가 나이가 들어 세상을 떠났다고 전해 줍니다. 디도는 또 한 사람의 자랑스러운 믿음의 선배입니다.

## 신생 교회 그레데

- 그리스에서 가장 크고 아름다운 섬
- 성경에 '거짓말쟁이'와 '악한 짐승', '게으름뱅이'라 평가됨
- 역사상 로마 제국 정복 후 로마 정부에 대항해 자주 민란을 일으킴
- 항상 불안하고 무질서하고 어수선한 지역

## 목회자 디도

- 심각한 분쟁에 휩싸인 고린도 교회에 바울이 눈물로 쓴 편지를 전달한 조정자 역할
- 바울의 문제 해결사
- 어려운 지역에 교회를 세운 강하고 담대한 성격의 리더
- 지역 특성상 교리적 자질 및 신앙 및 성품이 바르고 온순한 리더를 세움
- 성도들에게 높은 수준의 도덕적, 사회적 행동을 가르침

◆ 핵심 단어: 신생 교회 리더, 강하고 담대한 성격, 교리적 자질, 본이 되는 삶, 온유한 자, 선한 영향력, 문제 해결사

◆ 핵심 주제: 모든 그리스도인은 자신이 속한 지역에 선한 영향력을 끼쳐 변화시키는 역할을 감당해야 한다

▶ 강의 영상

# 18

# 빌레몬서

빌레몬서는 바울이 로마의 옥에 갇혔을 때 쓴 옥중 서신에 속합니다. 서신의 시작 부분을 통해 볼 때 빌레몬은 집안의 가장이고, 압비아는 그의 부인이며, 아킵보는 아들이라는 의견이 유력합니다. 그들은 집안 전체가 집을 교회로 내놓은 채 신앙에 열심이었습니다.

빌레몬의 종으로 있다가 그의 돈과 물건을 훔쳐 도망친 오네시모라는 사람이 있었습니다(몬 1:15-16, 18-19). 오네시모는 주인에게 들키지 않고 쉽게 숨을 수 있으며 매력적인 도시인 로마로 가게 되었고, 그 후 정확한 경위는 알 수 없으나 로마 감옥에 갇혀 있던 사도 바울을 만나 신앙을 갖게 됩니다(몬 1:10). 바울은 그를 제자로 양육하면서 그에게 사역을 감당할 귀한 열정과 은사가 있다는 것을 발견하게 됩니다. 오네시모는 그리스도인이 되었을 뿐 아니라 사도 바울을 시중드는 귀한 일꾼으로 바뀝니다.

빌레몬서는 한때 죄인이었으나 예수 그리스도를 만난 후 완전히 새사람이 된 오네시모를 용서하고 형제로 받아 줄 것을 요청하기 위해서 바울이 빌레몬에게 쓴 서신입니다. 사도 바울이 오네시모를 받아 줄 것을 요청하는 이유는 오네시모가 예수님을 만나기 전에는 아무짝에도 쓸모없는 사람이었으나, 예수님을 만난 후 '오네시모'라는 이름의 의미대로 '유익한' 사람이 되었기 때문입니다(몬 1:11).

사도 바울은 오네시모를 그의 법적 주인인 골로새의 빌레몬에게 돌려보냄으로써 빌레몬이 그를 주 안에서 다시 형제로 맞이할 기회를 주고자 합니다(몬 1:16). 또 가능하다면 그 후 자유인이 된 오네시모가 자신 곁에서 사역하게 하려고 의도합니다(몬 1:14, 20-21). 이것을 위해 사도 바울은 오네시모가 빌레몬에게 입힌 재정적 손실을 친히 감당하겠다고 말합니다(몬 1:18). 빌레몬이 사도 바울에게 입은 '영적 빚'을 은근히 언급하면서 부탁을 하고 있습니다(몬 1:21).

이렇게 볼 때 빌레몬서는 주인에게서 도망친 한 노예를 위한 바울의 탄원을 담은 극히 개인적인 서신이라 할 수 있습니다. 웅대한 신학을 담은 그의 다른 서신과는 달리 빌레몬서에는 바울이 평소 가르쳤던 교리와 신학을 뒷받침하는 바울의 인격과 사랑이 잘 담겨 있습니다. 도망친 일개 노예를 형제로 대접하면서 그가 용서받게 하기 위하여 참을성 있게 간곡히 허락을 구하는 바울의 모습에서 우리를 위해 중보하시는 예수 그리스도의 모습을 보게 됩니다.

빌레몬서를 읽으면서 이런 질문을 떠올릴 수 있습니다. "빌레몬은 오네시모를 주 안에서 형제로 맞고 사역을 위해 그를 다시 바울에게로 돌려보내라는 요청에 어떻게 반응했을까요?" 상식적으로 추론하건대, 바울의 요청은 받아들여졌을 것입니다. 만약 빌레몬이 바울의 요청을 거절했다면 지극히 개인적인 내용을 담은 이 서신이 우리에게 정경으로 남지 않았을 것이며, 빌레몬은 마음이 단단하고 교만하며 모순적인 인물로 교회사에 남았을 것이기 때문입니다. 용서받은 오네시모는 나중에 훌륭한 주교가 되었다고 전해지고 있습니다. 빌레몬서는 사랑과 용서의 힘을 보여 주는 작지만 소중한 책입니다.

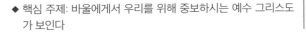

◆ 핵심 단어: 옥중 서신, 빌레몬, 오네시모, 노예, 죄인, 새사람, 용서, 형제, 지극히 개인적인 서신, 바울의 인격과 사랑, 중보하시는 예수 그리스도

▶ 강의 영상

◆ 핵심 주제: 바울에게서 우리를 위해 중보하시는 예수 그리스도가 보인다

# 19

# 히브리서

히브리서를 간략하게 표현하자면, 누군지는 정확히 알 수 없는 저자가 신앙을 포기해야 하는 위험에 처한 1세기 유대 그리스 도인들을 위해 쓴 서신이라 할 수 있습니다. 많은 학자가 히브리서 저자에 대한 여러 가지 이론을 내놓고 있는데, 그중 한 명이 바나바입니다. 히브리서에 유독 구약의 제사에 대한 비유가 많이 나오는 데다 바나바가 레위족이었다는 연결점이 한몫을 한 것입니다(행 4:36). 그러나 오리겐이라는 학자가 히브리서 저자는 "오직 하나님만이 아신다"라고 말한 바 있을 정도로 저자 문제는 결론을 내리기 힘듭니다.

당시 히브리서 수신자들은 신체적인 공격, 약탈 등의 위험을 경험하고 있었습니다. 심지어 어떤 이들은 믿음 때문에 감옥에 갇혔고, 예수님에 대한 확고한 신뢰 때문에 사람들 앞에서 조롱을 받기도 했습니다(히 10:32-34). 이런 상황에서도 많은 이가 모든 어려움을 기쁘게 받아들였으나, 어떤 이들은 그리스도에 대한 초기의 충성으로부터 '뒤로 물러나' 배교자가 되었으며, 또 어떤 이들은 타협의 위기에 직면하고 있었습니다. 이 서신은 이렇게 심한 시험과 박해를 겪고 있는 모든 사람에게 진리의 정박지에 믿음의 닻을 튼튼히 내리고, 그리스도에 대한 확신을 꾸준히 유지하며, 그리스도인으로서 성숙하고 안정된 상태로 나아가라고 호소하고 있습니다(히 2:1, 3:6, 6:1). 그렇기에 서신에는 그리스도의 성육신, 대속하심, 제사장직에 대한 훌륭한 가르침이 있습니다.

저자의 권면 중에서 가장 우선 되는 것은 인내입니다. 저자는 수신자들이 잘 알고 있는 구약의 인물 중 그들이 위대하게 여기는 아브라함과 모세의 예를 들어 설명합니다. 하나님이 아브라함에게 약속을 주셨기 때문에 그가 '오래 참았다'는 것을 상기시키며(히 6:15), 모세는 비록 보이지 않을지라도 함께하시는 하나님을 의식하며 놀라울 만큼 참을 수 있었음을(히 11:27) 언급합니다. 그러나 누구보다도 본을 보이신 예수님의 인내를 따를 자는 없습니다. 그분은 '그 앞에 있는 기쁨을 위하여' 혹독한 시험과 적의에 찬 반대를 참으실 수 있었습니다(히 12:2-3).

저자는 무엇보다도 선지자(히 1:1-2), 제사장(히 1:3하), 왕(히 1:8-14)으로서의 그리스도를 제시합니다. 그분을 통해 주어진 것은 유대교와 비교할 수 없을 정도로 '더 좋은' 요소들이 가득하다고 주장합니다. '구원에 속한 더 좋은 것'(히 6:9), "더 좋은 언약"(히 7:22), "더 좋은 약속"(히 8:6), "더 크고 온전한 장막"(히 9:11), "더 좋은 제물"(히 9:23), "더 좋은 부활"(히 11:35) 등의 표현을 통해 이들에게 주어진 것이 얼마나 귀한 것인가를 분명히 합니다. 성소를 논하는 부분에서도, 이들에게 보이는 성소는 하늘에 있는 성소의 그림자이며 모형에 불과하다는 것을 통해 이것 또한 비교할 수 없이 귀한 것이라고 지적합니다.

예수님이 드리신 희생 제사는 구약의 어떠한 제사와 비교도 안 될 만큼 완전히 다릅니다. '단번에'라는 표현을 통해 구약에서 날마다 드리는 제사와 구분하고 있습니다. 주님은 '단번에' 자신을 드리셨고(히 7:27), 염소와 송아지의 피로 하지 아니하고 오직 자기의 피로(히 9:12) '단번에'(히 9:12, 26, 28) 드리셨으며, 믿는 이들은 '단번에' 정결하게 되며(히 10:2), 예수님은 우리가 '거룩함'(히 10:10)을 얻게 되는 희생 제물이 되셨음을 가르칩니다.

저자는 이러한 더 좋은 것을 알고 난 후 다시 옛것으로 돌아가 버리는 행위는 무엇보다 어리석은 일이며, 엄청난 책임과 형벌을 자초하게 된다고 경고합니다. 그러한 행위는 "하나님의 아들을 다시 십자가에 못 박아 드러내 놓고 욕되게 함"(히 6:6)이며, "은혜의 성령을 욕되게 하는 자"(히 10:29)가 되는 것입니다. 그러한 자가 "당연히 받을 형벌은 얼마나 더 무겁겠느냐"(히 10:29)고 반문합니다.

결국 어떠한 상황에서도 우리를 위해 중보하시며(히 7:25), 자기를 바라는 자들에게 구원을 온전케 하기 위해 두 번째로 나타나실 예수 그리스도를 바라보아야 한다는 것입니다. 그분을 믿고(히 4:3, 10:39), 순종하며(히 5:9), 끝까지 견고하게 잡는(히 3:6, 14) 이들이 되어야 한다고 격려합니다. 히브리서는 특히 현재 어려움에 직면하고 있는 성도들에게 큰 힘이 되어 줄 것입니다.

## 기독교 신앙, 무엇이 더 좋은가?

- 구원에 속한 더 좋은 것(히 6:9)
- 더 좋은 언약(히 7:22)
- 더 좋은 약속(히 8:6)
- 더 크고 온전한 장막(히 9:11)
- 더 좋은 제물(히 9:23)
- 더 좋은 부활(히 11:35)

## 예수님이 드리신 희생 제사의 우월성

- 날마다 드리는 제사가 아닌 '단번에' 주님을 드리심(히 7:27)
- 염소와 송아지의 피가 아닌 오직 주님의 피를 드리심, 친히 희생 제물이 되심(히 9:12)
- 주님이 '단번에' 드리심으로 믿는 이들은 '단번에' 정결하게 되고 거룩함을 얻게 됨

◆ 핵심 단어: 1세기 유대 그리스도인, 박해, 배교자, 타협의 위기, 그리스도의 성육신, 대속하심, 제사장직에 대한 훌륭한 가르침, 믿음, 순종, 인내, 단번에

▶ 강의 영상

◆ 핵심 주제: 예수님을 믿고 순종하며 끝까지 견고하게 잡으라

# 20

# 야고보서

야고보서의 저자가 누구인지에 대해서는 이론이 분분하나, 전통적으로 예수님의 형제이면서 예루살렘 교회의 리더였던 사도 야고보라고 알려져 있습니다. 쓰인 연대는 저자에 대한 의견만큼이나 추측이 다양하기에 확실하게 말하기 힘듭니다.

야고보서의 스타일은 서신 형태지만, 공석에서 성도들에게 읽히도록 쓰인 현대의 강의나 설교를 듣는 듯한 느낌을 줍니다. 서신의 수신자는 야고보가 예루살렘 교회에서 목회할 때 있었던 형제자매들입니다. 이제는 사방으로 흩어져 더 이상 함께할 수 없는 상황에서, 그들이 여러 문제에 직면해 있다는 소식을 듣게 된 야고보가 담임 목사의 심정으로 서신을 쓰게 된 것입니다.

무엇보다 예루살렘을 떠나 흩어져 살고 있던 유대 그리스도인들은 기독교에 대한 핍박으로 어려움을 당하고 있었습니다(약 1장). 서신은 그러한 핍박의 외부적 요소보다는 그들 간에 생겨나는 내부 문제들에 더 많은 분량을 할애합니다. 그들 가운데 졸부들이 생겨났고(약 2, 5장), 신앙은 형식화되어 갔으며(약 2장), 경제적인 이유로 성도 간에 차별이 생겨나면서 그들 사이에 사랑이 꺼져 가고 있었습니다(약 2장). 이러한 모습은 현대 교회들을 떠올리게 합니다. 또한 서로를 향한 독설(약 3장)과 교제 상실(약 4장)까지 더해져 형성된 지 얼마 되지 않은 기독교가 공동체로 서지 못할 지경에 이르게 됩니다.

야고보는 이런 모습들을 책망하며 교회가 회복해야 할 본래의 성숙한 모습들을 강조합니다. 야고보서는 아무리 거룩한 교회라 할지라도 얼마든지 세속화될 수 있음을 보여 주며, 우리는 이와 동일한 일이 우리 모두에게 일어날 수 있다는 경고로 받아들여야 합니다.

야고보서를 읽다 보면 자연스럽게 한 가지 의문이 생깁니다. 사도 바울은 의롭다 하심을 얻는 것은 율법의 행위에 있지 않고 믿음으로 된다(롬 3:28)고 주장했는데, 야고보 사도는 "사람이 행함으로 의롭다 하심을 받고 믿음으로만은 아니니라"(약 2:24)라고 말해서 겉으로 보기에 서로 대치된 주장을 하고 있는 듯 보이기 때문입니다.

이것을 제대로 이해하기 위해서는 주어진 문맥을 정확히 알아야 합니다. 무엇보다 먼저 두 사도는 서로 다른 문제에 직면하고 있다는 것을 알아야 합니다. 사도 바울은 "구원을 얻으려면 율법을 지켜야만 한다"는 유대교의 주장을 향해 '오직 믿음'을 주장하고 있는 반면, 야고보 사도는 구원받은 자들이 지나치게 실천이나 행함을 무시하여 믿음을 단지 교리를 인정하는 정도로 생각하고 구원받았지만 삶과 행위가 비신자들보다 못한 모습으로 전락해 가는 모습에 대해 말하고 있는 것입니다. 다르게 표현하자면, 사도 바울은 예수 그리스도를 믿기 전에 구원을 얻기 위해 한 행동은 무용하다고 보는 것이고, 야고보는 믿고 나서 그에 걸맞은 행동이 없다면 구원을 얻었다고 할 수 없다고 주장하는 것입니다.

그렇기에 사도 바울이 지목하는 칭의(justification)는 구원의 시작 단계, 곧 죄와 사망의 영역에서 거룩함과 생명의 영역으로 옮겨 나타나는 그리스도인 생활의 초기 단계에서 일어나는 변화를 말합니다. 반면에 야고보 사도는 히브리적인 개념으로 마지막 때에 궁극적으로 '의롭다고 인정받는 선언(declaration)'을 의도한 것으로, 평소 삶에서 믿음을 얼마나 행동으로 실천했는지 여부에 따라 마지막 심판 때에 최후의 평가가 내려질 것이라고 말합니다. 결론적으로, 야고보 사도는 열매도 없고, 행동도 없는 그리스도인, 소위 '무늬만' 그리스도인인 사람들을 염두에 두고 말하고 있는 것입니다.

결국 사도 바울과 야고보의 주장은 서로 보완적 역할을 한다는 것을 알 수 있습니다. 두 사람의 관점 차이를 신학적 용어로 설명하자면, 바울은 '의로움의 전가(imputation)'를 말하고 있고, 야고보는 '의로움의 선언(declaration)'을 강조하고 있는 것입니다. 마치 지나치게 공부만 하고 놀지 않는 아이에게는 "좀 놀아라"라고 조언하면서, 놀기만 하는 아이에게는 "공부 좀 해라"라고 말한다고 해서 의견이 바뀐 것이 아니라는 주장에 비유해 볼 수 있습니다. 서로 강조점이 다를 뿐이지, 균형 있는 삶을 살아야 한다는 면에서 동일하다는 것입니다.

교회 역사를 보더라도 마르틴 루터의 종교개혁 때 구원에 대한 잘못된 이해가 지배적이었던 상황에서 '믿음'에 강조를 둔 로마서와 갈라디아서의 말씀들이 더욱 중요하게 부각되었기에 루터는 야고보서를 그다지 긍정적으로 평가하지 않았습니다. 반면, 종교개혁 시대가 지나고 새롭게 개혁되었던 존 웨슬리(John Wesley) 시대의 교회가 다시금 생명력을 잃어버리자 행함에 강조를 둔 야고보서 말씀이 부각되었다는 사실은 어찌 보면 당연한 것입니다.

믿음으로 의롭게 되었다면(칭의) 칭의의 신분에 걸맞은 삶을 사는 것(행함)이 요구된다는 사실을 우리는 반드시 기억해야 합니다. 야고보서의 메시지는 '행함의 신학'을 많이 잃어버린 현대 교회에 많은 경종과 울림을 줄 것입니다.

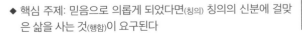

◆ 핵심 단어: 사도 야고보, 강의나 설교 스타일, 교회가 회복해야 할 성숙한 모습, 믿음과 행함, 칭의, 의롭다고 인정받는 선언, 의로움의 전가, 행함의 신학

▶ 강의 영상

◆ 핵심 주제: 믿음으로 의롭게 되었다면(칭의) 칭의의 신분에 걸맞은 삶을 사는 것(행함)이 요구된다

# 베드로전서

베드로전서의 저자인 베드로 사도는 자신이 '바벨론'에서 이 서신을 쓰고 있다고 말합니다(벧전 5:13). 요한계시록에도 등장하고 그 당시 폐허였던 느부갓네살 제국의 이전 수도인 바벨론을 말하는 것은 아닐 텐데, 그렇다면 과연 어디를 의미하는 것일까 생각하게 합니다.

신약의 다른 곳에서, 즉 골로새서와 빌레몬서에서 마가가 로마에 있었다는 힌트를 얻을 수 있는데(골 4:10; 몬 1:24), 베드로가 마가와 함께 있었다고 말하므로 당시 그리스도인들에게 '바벨론'은 '로마'를 가리키는 암호 같은 이름이었다고 유추하는 것이 가장 타당합니다. 또한 종말론적으로도 바벨론은 믿는 자들을 탄압하는 상징적 의미를 지녔을 것입니다.

서신의 수신자들은 현대로 말하자면 터키에 속한 타우루스산 북쪽 5개 지역에 흩어져 있는 교회들입니다(벧전 1:1). '흩어진'

이라는 헬라어 단어에서 '디아스포라'라는 말이 나왔으며, 당시에는 예루살렘 밖에 사는 유대인들을 디아스포라라고 불렀습니다. 그러나 이 단어는 베드로 서신에서 '천국을 떠나 사는 모든 믿는 자'를 은유적으로 일컫는 말로 사용되기도 합니다.

서신의 내용에 따르면 이들은 박해를 받고 있었으며, 네로 황제 때(주후 54-68년)로 보는 것이 가장 타당합니다. 단, 바울의 순교를 언급하지 않은 것으로 보아 네로 박해 바로 전인 주후 64-65년에 쓰였다고 볼 수 있습니다. 당시 이들은 하나님의 존재를 알지 못하고 무시하는 문화 속에서 살고 있었습니다. 그 속에서 어려움과 박해를 당하면서도 '하나님을 믿으며 산다는 것이 어떤 것인지를 보여 주며 그렇게 살아가도록' 돕기 위해 서신을 쓴 것입니다.

사도 베드로의 따뜻한 격려와 실질적인 가르침은 세속적인 문화적 갈등 속에서 살고 있는 현대의 모든 믿는 자에게도 깊은 통찰력을 줍니다. 베드로전서는 '적대적인 이방 땅에 파송된 그리스도의 대사들에게 쓰인 안내서'라고 이해하면 좋습니다.

베드로 사도는 올바른 모습으로 그리스도인의 삶을 살기 위해서 앞으로 다가올 영원한 영광에 대한 관점으로 현재 당하는 고난을 생각해 보라고 권면합니다. 영원에 비한다면 이 세상의 고난은 '잠깐'이라는 것입니다(벧전 1:6, 5:10). 그렇기에 고난과 핍박을 받을지라도 주도적인(proactive) 믿음생활을 하는 것이 중요합니다.

베드로 사도는 단순히 관점을 변화시켜 그리스도인의 삶에 대한 오해와 편견을 극복하라고 권면하지 않습니다. 그보다 우리의 신앙이 '예수님이 우리를 위해 고난당하셨기에 우리도 그분의 고난을 생각하며 이겨 나가야 한다'는 핵심적인 진리에 근거해야 한다고 제시합니다. 하나님을 위해 살면서 당하게 되는 고통은 예수 그리스도의 고난에 참여하는 것이며, 다가오는 영원한 영광에 비하면 그 기간은 '잠깐'이라고 가르칩니다.

사도 베드로는 구약 속 하나님의 백성과 현재 교인들과의 유사성을 부각시킵니다. 이스라엘과 같이 교회도 하나님의 새로운 백성으로서 거룩이 요구된다고 주장합니다. 교회가 핍박과 고난을 받는 것은 악한 세상에서 거룩하게 살고자 하기 때문이라는 것입니다. 다르게 표현하자면, 고난은 신앙생활을 해나가는 여정의 일부라는 것입니다.

베드로전서의 수신자들이 경험했던 삶은 구약과 신약을 성경으로 여기며 살아가는 현재 그리스도인들의 상황과 유사하다고 할 수 있습니다. "하나님의 백성은 의를 위해 고난을 받아야 한다"는 전제가 있기 때문입니다. 그뿐 아니라 이집트에 살았던 요셉이나 바벨론에 살았던 다니엘처럼, 성경은 하나님의 백성이 이 세상에서는 나그네라는 사실을 다시금 분명히 합니다. 그런 의미에서 서신의 수신자들을 "거류민(aliens)과 나그네

(strangers) 같은"(벧전 2:11) 사람들이라고 칭하는 부분이 더욱더 우리에게 와 닿습니다.

## 베드로전서의 수신자

- 터키에 속한 타우루스산 북쪽 5개 지역에 흩어져 있는 교회들
- 예루살렘 밖에 사는 유대인들, 디아스포라
- 천국을 떠나 사는 모든 믿는 자
- 적대적인 이방 땅에 파송된 그리스도의 대사들

## 영광과 고난에 대한 관점

- 영광 = 영원 vs 고난 = 잠깐
- 고난은 신앙생활의 일부
- 영원한 영광에 대한 관점으로 현재 당하는 고난 바라보기

◆ 핵심 단어: 디아스포라, 천국을 떠나 사는 모든 믿는 자, 따뜻한 격려, 실질적인 가르침, 그리스도의 대사, 영원한 영광, 잠깐 고난, 주도적인 믿음생활, 거룩

▶ 강의 영상

◆ 핵심 주제: 우리가 고난을 극복할 수 있는 이유는 예수 그리스도

# 22

# 베드로후서

베드로후서의 주제는 "종말이 다가옴에 따라 어려움에 처하게
된 믿는 자들의 신실한 삶"이라 할 수 있습니다. 한 가지 분명
한 사실은 이 서신을 쓸 때 서신의 수신자들은 '거짓 선지자들'
의 이단적 가르침으로 인해 긴박한 위험에 처해 있었으며(벧후
2:1-3), 베드로가 자신의 생명이 얼마 남지 않았다는 것을 잘 알
고 있었다는 것입니다("나의 장막을 벗어날 것이 임박한 줄을 앎이라", 벧후
1:14). 그가 순교한 시기는 일반적으로 주후 68년경으로 알려져
있습니다.

3장 15-16절, "우리가 사랑하는 형제 바울도 그 받은 지혜대
로 너희에게 이같이 썼고 또 그 모든 편지에도 이런 일에 관하
여 말하였으되"라는 말씀에서 이미 다수의 바울 서신이 발행
된 듯한 표현을 쓰고 있음을 염두에 둔다면, 베드로는 베드로
후서를 그가 죽기 전 주후 60년대 어느 시점에 베드로전서를

기록한 곳과 같은 장소인 로마에서 썼을 가능성이 높습니다. 이 서신을 "둘째 편지"(벧후 3:1)라고 부르는 것을 볼 때 베드로후서의 수신자는 베드로전서의 수신자와 동일한 그리스도인 그룹이라고 보아야 합니다.

베드로후서에서는 베드로전서와 달리 환란과 핍박보다 이단으로 인한 가르침의 위험성이 더 큰 이슈였습니다. 베드로는 이러한 어려움에 처한 이들을 향하여 믿음에 대한 근거를 다시 기억나게 하며(벧후 1:12-13), 자신이 이 세상을 떠난 후에도 변함없이 이러한 사실을 기억하게 하기 위해 이 서신을 썼습니다(벧후 1:15).

이들을 유혹하고 있는 이단들은 골로새서에서도 보았듯, 초기 영지주의적 요소를 담고 있었습니다. 그들 중에 어떤 이들은 육체는 어차피 더러운 것이기에 일종의 '도덕무용론'을 주장했습니다. 이들의 영향력 아래 교인들 중 거룩하지 못한 옛 모습으로 다시 돌아가는 이들이 생기기 시작했으며, 즉각적인 심판이 없으므로 하나님이 이런 삶을 인정하신다는 가르침이 돌아다녔습니다. 베드로는 하나님이 즉각적 심판을 하지 않으시는 이유는 오히려 하나님의 긍휼의 증거이며, 강림이 늦춰진 것은 모든 이가 회개하는 시간을 주고자 하심이라고 가르칩니다(벧후 3:9).

베드로는 첫 번째 서신과 유사하게 "인내심을 가지고 하나님을 고대하며 기다리라"고 조언합니다. 인용하는 모든 구약의 구절들을 하나님을 향한 그들의 소망과 신뢰의 근거로 제시하고 있습니다. 하나님이 정하신 시간이 있다는 것을 분명히 믿으라고 말합니다. 그리스도의 재림이 확실히 있기에 백성들은 그것을 준비해야 한다고 강조합니다. 베드로후서는 예수 그리스도의 고난에 초점을 맞추고 있는 베드로전서와 달리 변화산에서 있었던 예수님의 경험에 특별한 관심을 부각시킵니다 (벧후 1:17-18). 존귀와 영광 중에 다시 오실 예수 그리스도의 재림이 중요한 주제이기 때문일 것입니다.

또 다른 특징으로는 유다서 1장 4-18절의 내용 대부분이 베드로후서에도 담겨 있다는 점을 들 수 있습니다. 둘 중에 어느 서신이 먼저 쓰였다거나 배후에 공통된 출처의 자료가 있다는 등 학자들이 다양한 주장을 하지만, 어느 것이 맞다고 확실히 결론 내리기는 힘듭니다. 오히려 단순히 수신자들이 처한 상황이 유사하기에 같은 내용이 담겼을 것이라고 보는 편이 좋을 듯합니다.

◆ 핵심 단어: 종말, 거짓 선지자들, 이단적 가르침, 초기 영지주의, 도덕무용론, 하나님의 긍휼의 증거, 회개하는 시간, 변화산, 유다서

▶ 강의 영상

◆ 핵심 주제: 인내심을 가지고 하나님을 고대하며 기다리라

# 23

# 요한일서

요한일서는 저자의 이름이 본문에 전혀 나오지 않으나, 전통적으로 성육신하신 예수님을 직접 경험했다고 서신 앞부분에 기록한 사도 요한에 의해 쓰였다고 봅니다(요일 1:1-2). 서신의 권위로 보나 초대 교부들의 기록으로 보나 저자가 사도 요한이라는 데 큰 이견이 없습니다. 요한일서는 '서신'이라고 부르긴 하지만, 다른 신약 서신들과는 달리 서신의 형태를 취하고 있지 않다는 특징이 있습니다. 또 서신을 보낸 구체적인 장소나 대상이 전혀 나와 있지 않습니다. 확실한 것은 당시 서서히 영향력이 커지고 있는 독특한 이단의 가르침을 직면하고 있던 그리스도인들을 향해 쓰였다는 것입니다.

이들 이단은 '적그리스도들'(요일 2:18-26)이라 불렸으며 '영은 거룩하고 육은 악하다'라는 단순화된 이원론으로 성육신에 대한 잘못된 교리를 가르치는 초기 영지주의입니다. '초기 영지주의'라고 말하는 이유는 서신이 쓰일 당시 영지주의가 체계적인 시스템을 갖춘 상태가 아니었기 때문입니다. 주후 2세기 중반에 가서야 이들은 온전한 시스템을 갖추게 됩니다.

이들의 영향력에 저자가 내세운 영적 싸움의 전략적 특징은 대단히 목회적이며 전투적입니다. 그는 서신의 수신자들을 "나의 자녀들"(요일 2:1), "사랑하는 자들"(요일 2:7)이라고 부르며, "너희를 미혹하는 자들에 관하여 내가 이것을 너희에게 썼노라"(요일 2:26), "자녀들아 아무도 너희를 미혹하지 못하게 하라"(요일 3:7)고 분명하게 당부하고 있습니다.

사도 요한은 이단들의 문제점을 3가지의 초점으로 열거하면서 3가지 테스트를 통해 이단인지, 아닌지 여부를 결정하라고 말합니다.

첫째는 이단들의 신학적인 문제입니다. 그리스도가 육체로 오신 것을 부정하는 자들은 이단입니다. 그들은 거룩한 영이 더러운 육으로 올 수 없다고 주장하며 그리스도의 성육신을 부인하는 자들입니다. 둘째는 도덕적 영역에서 의로운 행동이 사라진 불순종적인 삶의 모습을 지적합니다. 자신들은 '특별한 지식(Gnosis)'을 지녔다고 주장하며 자신들 가운데 있는 죄성 자체를 부정하는 자들은 이단입니다. 셋째는 사회적 영역에서의 문제점을 지적합니다. 그들에게는 형제를 사랑하는 모습이 결여되어 있습니다. 그렇기에 요한일서는 유독 형제 사랑을 강조합니다.

요한일서의 역사적 배경을 다루기란 쉽지 않습니다. 다른 서신에 비해 역사적 상황과 연결할 수 있을 만한 정보가 극히 미미하기 때문입니다. 하지만 내용을 살펴볼 때 세린투스와 그의 가르침인 세린투스주의(Cerinthianism)와 연결해 볼 수 있습니다. 세린투스는 사도 요한이 마지막 시간을 보낸 곳인 에베소 사람이었고, 그의 가르침이 요한일서에서 묘사한 이단의 가르침과 매우 유사하다는 사실 때문입니다.

세린투스파와 그의 가르침에 관해서는 교부 이레니우스를 통해 전해지는데, 이레니우스는 사도 요한의 제자였습니다. 그 당시 에베소는 세린투스의 영향력이 대단했다고 하는데, 다음의 일화가 그의 영향력을 간접적으로 보여 줍니다.

어느 날 사도 요한이 목욕탕에 들어가다가 세린투스가 그곳에 있다는 말을 듣고 "이곳을 빨리 피하자. 이곳에 진리의 원수인 세린투스가 있으니 지붕이 무너질지 모른다"라고 말했다고 전해집니다.

무엇보다 세린투스는 예수님의 동정녀 탄생 사실을 부인했습니다. 그는 예수가 다른 인간과 똑같은 존재로 세상에 태어났으며, 차이점이 있다면 다른 사람보다 더 의롭고, 신중했고, 지혜로웠다는 것이라고 주장했습니다. 그는 예수의 세례 시에 '그리스도'가 비둘기의 모습으로 임하였으며, 그 후 예수를 통해 하나님 아버지에 대해서 선포했고, 기적을 행했다고 주장했습니다. 그러다가 예수가 십자가에서 죽임을 당하기 직전에

'그리스도'는 예수를 떠나 버렸고, 그래서 결국 예수 혼자 십자가에서 죽었다고 주장했습니다. 한마디로, '그리스도'와 '예수'를 분리하여 설명하고 있는 것입니다. 그는 '그리스도는 영이기 때문에 고통을 받을 수 없다'는 논리로, 예수의 모든 고난에 그리스도가 동참하지 않았다는 이단적 주장을 펼쳤던 사람입니다.

예수 그리스도가 '물과 피로 임하셨다'는 5장 6절 말씀은 바로 이런 배경에서 이해될 수 있습니다. 이 구절의 가장 자연스러운 해석은 예수님이신 동시에 그리스도이신 한 분의 모습으로 '세례'와 '수난'의 죽음을 받으셨다고 이해하는 것입니다.

초기 영지주의라는 이원론적인 주장을 폈던 이단을 염두에 두고 요한일서를 읽으면 많은 도움이 될 것입니다. 또한 형제 사랑을 강조하며 "사랑하지 아니하는 자는 하나님을 알지 못하나니 이는 하나님은 사랑이심이라"(요일 4:8)라고 한 유명한 말씀도 우리에게 울림과 도전을 줄 것입니다.

◆ 핵심 단어: 서신의 형태를 취하지 않음, 적그리스도들, 성육신에 대한 잘못된 교리, 초기 영지주의, 목회적이고 전투적인 영적 전략, 이단 분별 3가지 테스트

강의 영상

◆ 핵심 주제: 3가지 테스트를 통해 이단 여부를 결정하고 경계하라

## 요한이서와 요한삼서의 이해를 위한 역사적 배경

요한이서와 요한삼서를 이해하기 위해서는 역사적 배경을 아는 것이 도움이 됩니다. 당시 그리스도인 전도자들은 순회하면서 복음을 전하러 다녔는데, 종종 여관에 머물 수밖에 없는 상황도 있었습니다. 하지만 학자인 W. M. 램지(W. M. Ramsay)에 의하면, 당시 여관은 더럽고 이와 벼룩이 득실거리는 곳으로 유명했으며, 여관 주인은 대체로 탐욕스럽고 사람들에게 존경받지 못하는 직업으로 여겨졌다고 합니다. 한마디로, 당시의 여관은 오늘날과는 아주 달라서 전도자들이 여행하면서 머물 곳이 전혀 아니었습니다.

그렇기 때문에 사도 바울도 사도행전과 로마서에서 빌립보에서는 루디아에게, 데살로니가에서는 야손에게, 고린도에서는 가이오에게, 가이사랴에서는 빌립에게, 예루살렘에서는 나손에게 신세를 졌다는 사실을 알 수 있습니다(행 16:15, 17:7; 롬

16:23; 행 21:8, 16).

요한이서는 이러한 당시의 상황이 배경으로 자리 잡고 있습니다. 그리스도인들에게는 순회 사역자들을 영접해야 하는 일 자체가 위험이 될 수도 있었습니다. 요한이서와 요한삼서는 이 같은 잠재된 문제들과 연결되어 있는데, 순회 사역자들 중 어떤 사람을 환영하고 강단에 세워야 하며, 어떤 사역자는 허락하지 말아야 하는지를 다루고 있습니다. 특히 요한이서가 이단적 순회 사역자를 구별하는 것에 초점을 맞추고 있다면, 요한삼서는 순회 사역자를 잘 영접하고 환영하는 것의 중요성에 초점을 맞추고 있습니다.

### 역사적 배경 요약

- 당시 여관은 매우 열악한 환경
- 그리스도인들은 순회 사역자들을 접대해야 하는 책무를 지님
- 요한이서: 이단적 순회 사역자 구별법
- 요한삼서: 순회 사역자를 잘 접대하는 일의 중요성

# 24

# 요한이서

요한이서는 신약에서 분량이 가장 짧은 책으로, 파피루스 한 장에 다 쓰였을 것입니다. "장로인 나는"(요이 1:1)이라고 소개하는 것으로 보아 저자가 수신자들이 잘 알고 존경하는 자라는 것을 알 수 있습니다. 이는 연장자로서의 권위와 사도적 권위를 나타내는 표현이기 때문에 전통적으로 요한일·이·삼서의 저자가 모두 사도 요한이라고 알려져 있습니다.

당시 순회 사역자들이 전하는 메시지의 진위를 검증하는 것이 중요한 시대에 "부녀와 그의 자녀들"(요이 1:1)이 수신자이며, 이것은 교회를 향한 표현이라고 알려져 있습니다.

요한이서에서는 진짜 사역자와 가짜 사역자를 구별하는 두 가지 방법을 제시합니다. 첫째는 요한일서에서처럼 그들의 메시지에서 기독론을 검증해 보는 것입니다. 예수를 육체로 오신 그리스도로 인정하는지, 아닌지의 여부가 중요한 검증 기준이 됩니다. 둘째는 그들의 동기를 살펴보는 것입니다. 순수한 동기를 가지고 있는 진정한 순회 사역자들인지를 살펴보아야 한다는 것입니다.

이러한 기준과 비교를 위해 12제자의 가르침을 모아 놓은 《디다케》(Didache)라는 1세기 말의 문서에는 더 세밀한 사역자 구별 요령이 흥미롭게 기록되어 있습니다.

예를 들면, 사도들은 하루, 필요하다면 이틀까지 머물 수 있으나 만약 3일을 머물면 가짜 선지자이며, 다른 곳으로 떠날 때 여행에 필요한 만큼 먹을 것을 받을 수는 있으나 금전을 요구한다면 가짜이며, 성령의 영감에 따라 말한다고 하면서 다른 이들을 위한 모금 외에 추가 금전을 요구한다면 가짜라고 말하고 있습니다. 또한 진짜 사역자들은 머물고 도움받을 자격이 있으나, 일반 그리스도인은 3일 이상을 거저 대접받을 수 없다고 가르칩니다. 만약 장시간 머물려고 한다면 스스로 벌어서 먹으라고 말해야 하며, 만약 이를 거절한다면 그리스도를 팔아 먹는 사람이라고 기록하고 있습니다.

◆ 핵심 단어: 신약에서 분량이 가장 짧은 책, 손님 접대, 가짜 사역자, 기독론 검증, 순수한 동기, 진리와 사랑
◆ 핵심 주제: 진짜 사역자와 가짜 사역자를 구별하는 두 가지 방법

▶ 강의 영상

# 25

# 요한삼서

요한삼서는 가이오라는 수신자에게 쓴 개인 서신이며 요한
이서와 동일하게 "장로인 나는"(요삼 1:1)이라고 보낸 이를 밝힙
니다.

요한이서와 요한삼서를 비교해 보면, 메시지의 초점에 차
이가 있습니다. 요한삼서는 요한이서와 유사하게 손님을 접
대하는 것과 관련하여 '진리'와 '사랑'이라는 이슈를 다룹니
다. 하지만 요한이서는 잘못된 가르침을 주는 사역자들을 집
에 들이지 말라고 경고하는 반면, 요한삼서는 손님 접대하기
를 거부하면서 다른 사람들의 접대마저 방해하는 일과 그 일
에 앞장서고 있는 "으뜸 되기를 좋아하는 디오드레베"(요삼 1:9)
에게 경고를 주는 내용입니다. 이런 면에서 요한이서와 요한
삼서는 "손님 접대"라는 주제를 상호 보완하고 있다고 말할
수 있습니다.

요한삼서에서 가이오의 가정 교회는 손님을 대접하는 역할을 잘 수행하고 있었으나, 디오드레베라는 분리주의자에 의해 도전과 반대를 직면하고 있었습니다. 디오드레베는 이단을 경계한다는 구실을 내세워 자신의 권위와 성을 쌓고 있었으며, 선한 지도자들을 맞이하여 대접하는 것을 금하기까지 했습니다. 그러나 그가 이단이었던 것 같지는 않습니다. 이단이었다면 요한이 그를 이단으로 명시했을 테지만, 그러한 증거는 찾을 수 없기 때문입니다. 그의 교만(요삼 1:9)과 망령되어 폄론하는 것(개역한글, 참고 개역개정 "악한 말로 비방하는 것")(요삼 1:10)과 그의 행동이 악하다고 지적하고 있을 뿐입니다(요삼 1:11).

◆ 핵심 단어: 가이오의 가정 교회, 개인 서신, 손님 접대, 디오드레베
◆ 핵심 주제: 분리주의자 디오드레베를 질책하면서 진리와 사랑으로 손님 접대하기를 권함

▶ 강의 영상

# 26

# 유다서

유다서는 저자를 "예수 그리스도의 종이요 야고보의 형제인 유다"(유 1:1)라고 밝힙니다. 그래서 처음에는 예수님을 믿지 않다가 나중에 부활하신 예수님을 믿은, 예수님의 동생인 유다가 쓴 것으로 봅니다(요 7:5; 행 1:14). 수신자는 구체적으로 나와 있지 않으나 팔레스타인에 있는 유대인 그리스도인들이라고 생각합니다. '이집트', '소돔과 고모라', '천사장 미가엘', '모세', '가인', '발람', '아담의 7대손 에녹' 등 유다서에 구약의 내용이 풍부하게 등장한다는 점이 그렇게 생각하는 이유 중 하나입니다.

유다서는 문체가 역동적이며 '암초', '목자', '바람에 불려가는 물 없는 구름', '캄캄한 흑암', '열매 없는 가을 나무', '바다의 거친 물결', '유리하는 별들' 등 은유적이고 문학적인 표현들이 많이 나온다는 특징이 있습니다. 3개씩 나열한 문장 표현 방식도 특징으로 꼽을 수 있습니다. 예를 들면, '그리스도의 종, 형제, 유다'(유 1:1), '긍휼, 평강, 사랑'(유 1:2), '경건하지 아니하여, 은혜를 방탕한 것으로, 그리스도를 부인하는'(유 1:4), '육체를 더럽히며, 권위를 업신여기며, 영광을 비방하는'(유 1:8) 등 3개씩 묶어 표현하는 방식이 많이 나옵니다. 또한 유다서는 비정경적인 유대 문학인 "에녹일서"와 "모세의 승천"이라는 현존하지 않지만 초대 교부를 통해 알려진 책을 인용하고 있다는 것도 특징입니다.

편지를 쓰는 목적에 대해서는 3절에서 "우리가 일반으로 받은 구원에 관하여 내가 너희에게 편지하려는 생각이 간절하던 차에 성도에게 단번에 주신 믿음의 도를 위하여 힘써 싸우라는 편지로 너희를 권하여야 할 필요를 느꼈노니"라고 밝힙니다. 짧은 서신이지만 저자는 이단들을 어떻게 대해야 하는지를 알려 주고, 이단을 향해 경고와 강한 정죄의 메시지를 전하기 위해 유다서를 기록했다고 말합니다.

요한일서의 배경과 유사하게 이단의 가르침을 유다서에서도 발견할 수 있습니다. 유다서 또한 초기 영지주의적 요소를 지닌 이단을 다루고 있습니다. 영지주의는 한마디로 신플라톤주의를 기본 철학으로 하여 그 위에 잡다한 사상들을 마구 뒤섞어 놓은 이단이었습니다. 따라서 형태나 양식에 있어 아주 다양한 부류가 등장합니다. 요한일서와는 달리 유다서에 나타나는 영지주의적 이단은 그런 여러 부류 중 특별히 육체와 관

련한 도덕무용론에 가까운 '방탕 영지주의'(libertine Gnosticism)적
요소를 강조했던 자들로 추정해 볼 수 있습니다. "육체란 악한
것이며 어떻게 사용하든 구원과 관계가 없기에, 방탕하고 부도
덕하게 사는 것 역시 문제가 되지 않는다"는 주장으로 성도들
을 미혹시키고 있던 상황이었습니다. 이러한 잘못된 가르침을
염두에 두고 유다서를 읽어야 이해가 잘됩니다.

유다서는 25개 구절 중 최소 15개의 구절이 베드로후서 2장
과 겹칩니다. 둘 다 유사하거나 동일한 용어를 사용해 거짓 교
사들의 주장에 논박하는 것을 볼 때 같은 이단을 대상에 두고
썼음을 알 수 있습니다.

◆ 핵심 단어: 예수님의 동생 유다, 팔레스타인에 있는 유대인 그리
　스도인들, 풍부한 구약의 내용, 역동적이고 은유적이고 문학적
　인 표현, 3개씩 나열한 문장 표현 방식, 방탕 영지주의
◆ 핵심 주제: 이단을 향한 경고와 강한 정죄의 메시지

▶ 강의 영상

# 요한계시록

신약의 시작인 사복음서가 '예수님의 초림'에 초점을 맞추고, 마지막으로 요한계시록(이하 '계시록')이 '예수님의 재림'에 초점을 맞추며 신약이 끝나는 것은 의도적인 배열이라 생각됩니다. 계시록은 단순히 신약의 마지막 책일 뿐만이 아니라 신구약의 예언적 성취와 묵시록적 열쇠가 되는 신구약 전체의 클라이맥스에 해당하는 책입니다. 계시록은 서문에서 이 글이 "예수 그리스도의 계시"(계 1:1)라고 칭하고 있으며 형식 면에서는 서신의 양식으로 펼쳐집니다.

　발신자는 사도 요한이며 수신자는 소아시아의 일곱 교회라고 밝히고 있으며, "은혜와 평강"(계 1:5)으로 시작해 "주 예수의 은혜"(계 22:21)로 마무리됩니다. 쓰인 시기에 대해서는 의견이 분분하나, 로마의 제11대 황제였던 도미티안(Domitian) 때에 밧모섬에 사도 요한이 유배되어 있었다고 한 초대 교부의 기록을 통해 주후 95-96년으로 추측합니다. 밧모섬은 에게해에 위치해 있으며, 현재 인구 약 3,000명인 조그마한 섬으로, 성요한 수도원과 요한이 계시록을 썼다는 동굴과 요한이 사용했다는 세례 터도 있어 그리스도인들이 많이 찾는 관광지입니다.

계시록은 책 전체가 현재 하나님이 계시는 하늘과 우리 인간이 사는 땅의 구분이 사라질 것을 말하고 있다는 면에서 믿지 않는 자들에게는 다가올 심판에 대해 경고를 주고, 믿는 자들에게는 거룩한 삶을 살 것을 격려하면서 '예수님의 재림은 백성들과 영원히 함께하시기 위함'이라는 메시지를 담고 있습니다.

계시록은 상징적 묵시록적 표현들이 많이 나온다는 특징이 있습니다. 숫자들도 상징적으로 풀이됩니다. 4는 땅의 수, 7과 10은 온전한 수, 12는 하나님 백성의 수로 사용되고 있습니다. 1만 2,000은 12에 10의 3승을 곱한 수로 상징적인 의미를 담고 있습니다. 현대를 사는 우리에게는 익숙하지 않은 상징적 표현들이 많아 해석하는 데 어려움이 있으며, 특히 구약을 바탕으로 이야기하기 때문에 구약에 대한 이해가 부족하다면 더욱 어려움을 겪게 됩니다.

이분법적인 묵시록적 관점이 가득한 것도 또 하나의 특징입니다. '하나님께 속한 자'와 '용과 짐승에 속한 자', 이 두 종류만 존재합니다. '땅에 거하는 자'와 '하늘에 거하는 자'가 대조를 이루기도 합니다. '음녀 바벨론'(계 17장)이나 '어린양의 신부 새 예루살렘'(계 21:1-22:5)이냐에 대한 선택이 있습니다. 이러한 이분법적인 논리로 둘 중에 하나를 선택하는 것 외에는 다른 것이 존재하지 않습니다.

계시록은 당시 그리스도인들이 당해야 했던 고난과 순교라는 역사적 상황에서 예수님이 죽음으로 악을 이기신 것을 강조하며, 모든 믿는 사람이 고난과 순교 가운데서도 예수님의 참 제자로 살아갈 것을 당부하고 있습니다. 짐승을 따르는 자들의 비참한 최후와 어린양 예수를 따르는 자들이 궁극적으로 승리하는 모습을 대비시켜 그리스도인들이 고난 중에 어떤 선택을 해야 하는지 분명하게 가르치고 있습니다.

계시록의 목적지는 가장 끝부분에 나오는 새 예루살렘입니다. 일곱 교회를 향해 '이기는 자들'이 되어 새 예루살렘에 들어올 것을 초청하고 있습니다. 그곳은 더 이상 하늘과 땅의 구분이 없는 곳입니다. 용과 그의 무리들, 그리고 그들을 좇던 모든 이를 온전히 다 멸망으로 들어가게 한 후 이 세상은 하나님이 그분의 백성과 함께하시는 곳으로 변합니다.

새 예루살렘은 하나님이 계신다는 의미에서 성전으로 묘사되며(계 21장), 회복된 에덴으로도 묘사되어 있습니다(계 22:1-5). 하나님의 얼굴을 보며 영원히 거할 수 있는(계 22:4) 그곳을 향한 초대가 바로 계시록의 핵심 메시지입니다. 미래를 말하고 있지만, 오히려 그러한 미래를 염두에 두고 현재를 어떻게 살아야 하는가를 가르쳐 주는 매우 현재 중심적인 책이라 할 수 있습니다. 이것은 신약의 종말론 전반에 걸쳐 나타나고 있는 공통적 특징이기도 합니다. 계시록은 종말에 대한 올바른 이해를 통해 예수님을 믿는 모든 자가 '그분의 참 제자답게 살아가도록' 초대하고 있습니다.

### 🍃 요한계시록의 특징

- 예수님의 초림'을 다룬 사복음서로 시작해 '예수님의 재림'에 초점을 맞춘 신구약 전체의 클라이맥스
- 묵시록이자 서신의 양식
- '은혜와 평강'으로 시작해 '주 예수의 은혜'로 마무리
- 상징적 묵시록적 표현 많이 나옴
- 이분법적인 묵시록적 관점이 가득함

### 🍃 이분법적인 묵시록적 관점

- 용과 짐승에 속한 자 vs 하나님께 속한 자
- 땅에 거하는 자 vs 하늘에 거하는 자
- 음녀 바벨론 vs 어린양의 신부 새 예루살렘

◆ 핵심 단어: 예수님의 재림, 신구약의 예언적 성취, 신구약 전체의 클라이맥스, 다가올 심판 경고, 거룩한 삶 격려, 묵시록적 표현, 상징적인 숫자, 어린양 예수, 궁극적 승리, 이기는 자, 새 예루살렘

▶ 강의 영상

◆ 핵심 주제: 하나님의 얼굴을 보며 영원히 거할 수 있는 하나님 나라로의 초대

주_

1  앤드류 E. 힐, 존 H. 월튼, 《구약개론》(은성출판사, 2001), pp. 144-145.

2  H. G. M. Williamson, *1 and 2 Chronicles, The New Century Bible Commentary*(Eerdmans Publishing Co., 1982), p. 184.

3  Josephus, *Antiquities* 11.6.13.

4  Karen H. Jobes, *Esther, The NIV Application Commentary*(Grand Rapids: Zondervan, 1999), pp. 26-28.

5  앤드류 E. 힐, 존 H. 월튼, 앞의 책, p. 494.

6  같은 책, pp. 502-503.

7  Y. Yadin, *Hazor II: An Account of the Second Season of Excavations, 1956*(Jerusalem: Magnes, 1960), pp. 24-26, 36-37. Gary Smith, *Hosea/Amos/Micah, The NIV Application Bible Commentary*(Grand Rapids: Zondervan, 2001), p. 231, note 4에서 인용됨.

8  John F. Walvoord, Roy B. Zuck, *The Bible Knowledge Commentary: Old Testament*(Victor Books, 1985), p. 1507.

9  윌리엄 S. 라솔, 데이비드 엘런 허바드, 프레드릭 윌리엄 부쉬, 《구약개관》(크리스챤다이제스트, 2009), p. 736.

10  앤드류 E. 힐, 존 H. 월튼, 앞의 책, p. 615.